Dieter Splinter

Sonntagswörter

Dieter Splinter

Sonntagswörter

Kurze Worte für ein langes Jahr

Fromm Verlag

Impressum / Imprint
Bibliografische Information der Deutschen Nationalbibliothek: Die Deutsche Nationalbibliothek verzeichnet diese Publikation in der Deutschen Nationalbibliografie; detaillierte bibliografische Daten sind im Internet über http://dnb.d-nb.de abrufbar.

Bibliographic information published by the Deutsche Nationalbibliothek: The Deutsche Nationalbibliothek lists this publication in the Deutsche Nationalbibliografie; detailed bibliographic data are available in the Internet at http://dnb.d-nb.de.

Verlag / Publisher:
Fromm Verlag
ist ein Imprint der / is a trademark of
AV Akademikerverlag GmbH & Co. KG
Heinrich-Böcking-Str. 6-8, 66121 Saarbrücken, Deutschland / Germany
Email: info@frommverlag.de

Herstellung: siehe letzte Seite /
Printed at: see last page
ISBN: 978-3-8416-0371-5

Für Christopher

Vorwort

Dies ist ein Mehrzweckbuch. Zum einen ist es eine Dokumentation. Gut dreizehn Jahre lang habe ich als Pfarrer der Evangelischen Stadtkirche in Karlsruhe fünf bis sechs Mal im Jahr „Das Wort zum Sonntag" für die Sonntagszeitung der Badischen Neuesten Nachrichten (BNN) geschrieben. Ein knapper Raum war dafür vorgegeben - das Thema nie. Entstanden sind so kurze „Sonntagswörter", die sich bisweilen auf aktuelle Ereignisse oder auf Gegebenheiten vor Ort beziehen, immer aber das Menschlich-Allzumenschliche mit Aussagen der Bibel in Beziehung setzen. So hatte ich über all die Jahre in der Zeitung „Der Sonntag" eine zweite, „kleine" Kanzel, die aufgrund der Sonntagszeitung der BNN eine große Aufmerksamkeit fand.

Auf einer Kanzel werden Gedanken aus verschiedenen Blickwinkeln entfaltet. Dabei sind bisweilen Wiederholungen angezeigt. Rhetorisch und sachlich hat das seinen Sinn darin, dass sie einen Gedanken einprägen. Auch in den „Sonntagswörtern" gibt es gelegentlich Wiederholungen oder Ähnlichkeiten: in den Formulierungen, in den Bezügen auf manche Bibelstellen oder in den Gedankengängen. Das ist gewollt. Wer etwa zu dem Psalmvers „Herr, ich habe lieb die Stätte deines Hauses und den Ort, da deine Ehre wohnt." (Psalm 26, 8) Anregungen sucht, der wird sie in diesem Buch in ähnlichen, aber auch verschiedenen Entfaltungen gleich mehrfach finden. Er kann so das Passende für sich aussuchen oder es leichter miteinander kombinieren. Denn dies ist der zweite Zweck dieses Buches: Es soll - insbesondere Prädikantinnen und Prädikanten, also ehrenamtlich in der Verkündigung Tätigen - Vorlagen für Ansprachen und Anregungen für Predigtgedanken und Formulierungshilfen für dieselben liefern. Wer etwa zum Thema „Segen" Hinweise benötigt, wird dazu verschiedene Zugänge finden, die sich über die Verzeichnisse am Ende des Buches erschließen lassen. Daneben können die „Sonntagswörter" als Ideengeber bei der Formulierung von geistlichen Worten in Gemeindebriefen hilfreich sein.

Und schließlich soll dieses Buch ein inspirierender Wegbegleiter sein. Ein Jahr kann einem manchmal lang werden. Immer mal wieder kann man im Laufe eines Jahres dieses Buch zur Hand nehmen und sich durch die Lektüre einzelner „Sonntagswörter" Herz und Verstand stärken lassen. Denn die Chronologie der „kurzen Worte für ein langes Jahr" richtet sich nicht nach dem Erscheinungsjahr eines „Wortes zum Sonntag", sondern nach dem Tag seiner Erscheinung im Jahreslauf. So ist ein kleiner Begleiter durch das Jahr entstanden.

Pfarrerin Ruth Mono hat die von mir ausgewählten „Sonntagswörter" in eine erste Reihenfolge gebracht, die Texte korrigiert, die meisten Überschriften vorgeschlagen und mit großer Akribie die Verzeichnisse erstellt. Dafür schulde ich ihr großen Dank.

Merzhausen bei Freiburg im Breisgau, September 2012

Inhaltsverzeichnis

Alles Gute und Gottes Segen

„Alles Gute!" Das wünschen wir uns in diesen Tagen gegenseitig für das neue Jahr. Wer sich „alles Gute" wünscht der weiß, dass es im Leben auch das Gegenteil gibt - das Schlechte und Böse. Man kann davon ganz plötzlich überfallen werden, oder es kann sich schleichend einstellen. Wir können daran beteiligt sein als Opfer, aber auch, bewusst oder unbewusst, als Täter. Das ist ein Grund dafür, sich „alles Gute" zu wünschen. Mit diesem Wunsch versuchen wir gleichsam, die Macht des Schlechten und Bösen zu bannen und die Macht des Guten dagegenzusetzen.

Ein weiterer Grund liegt darin, dass Wünsche immer auf Erfüllung aus sind. Wer sich „alles Gute" wünscht, der möchte auch, dass dieser Wunsch erfüllt wird und er wird darum selber alles unternehmen, das Schlechte zu vermeiden und nach dem Guten zu streben - nicht nur für sich, sondern auch für andere. Unsere Wünsche wirken also wie Motoren. Sie treiben uns an. Sie bringen uns vorwärts. Und was kann man für sich und andere und für diese aus vielen Tausenden von Wunden blutenden Welt Besseres wünschen als „alles Gute" und sich entsprechend verhalten?

Sicher vermögen wir dabei viel, aber „alles Gute" können wir nicht machen. Die Härte der Welt spricht dagegen. Wünsche gehen selten alle in Erfüllung, am wenigsten gleich „alles Gute". Darum wünschen sich Christen zum neuen Jahr nicht nur „alles Gute", sondern bitten Gott um seinen Segen. Gesegnete sind Empfangende. Sie leben aus einer Kraft, die nicht aus ihnen, sondern aus der Zusage der Nähe Gottes kommt. Diese Zusage gilt jedem persönlich: Und so segnet und behütet dich auch im neuen Jahr der allmächtige und barmherzige Gott, der Vater und der Sohn und der Heilige Geist!

vgl. 4. Mose 6,24-26
4. Januar 2004

Alles hat seine Zeit

„Da hast Du aber alt ausgesehen." Das wird bisweilen zu jemandem gesagt, der sich blamiert hat oder einer Aufgabe nicht gerecht geworden ist. „Du siehst aber noch jung aus!" Das bekommen ältere Menschen zu hören, die sich wie man so sagt - „gut gehalten haben". Diese sprachlichen Beobachtungen zeigen: Jugendlichkeit ist ein Ideal, Altsein ist es nicht.

Die meisten möchten lange leben, alt werden. Alt sein hingegen will keiner. Dabei ist Alter keine Schande. Es ist natürlich. Es kommt mit den Jahren. Außerdem ist das Jungsein nicht bloß erstrebenswert. Ich jedenfalls bin froh, dass ich kein Schüler mehr bin und so manche Dinge lernen soll, deren Bedeutung mir verborgen bleiben. Ich habe gerne studiert, aber war dann dankbar, als alle Prüfungen vorüber waren. Und ich genieße es, dass die Windelphase in unserer Familie längst vorbei ist. Alles im Leben hat seine Zeit. Das Altwerden gehört dazu. Das Altsein auch. Zwar schützt bekanntlich Alter vor Torheit nicht. Doch Jugend tut es auch oder erst recht nicht. So mag Lebenserfahrung im Alter zu Lebensweisheit führen. Erst recht gehört zum Alter die Erfahrung, vieles hinter sich zu haben, das einen nicht nur erfreut, sondern auch belastet hat. Die Freiheit von Verpflichtungen stellt sich ein. Gut, dass im Leben alles seine Zeit hat. Und so kann man am Ende ruhig - im eigentlichen Sinne des Ausdrucks - einmal „alt aussehen".

Prediger 3,1-8.11.17;8,6
20. Januar 2002

Du sollst nicht falsch Zeugnis reden

„Du sollst nicht falsch Zeugnis reden wider deinen Nächsten.“ Das achte Gebot aus dem Alten Testament ist bekannt. Ursprünglich war es vor allem vor Gericht bedeutsam. Zur Zeit der Entstehung des Alten Testaments konnte eine Falschaussage vor Gericht zur Folge haben, dass jemand für ein Kapitalverbrechen zu Unrecht mit der Todesstrafe belegt wurde. Deshalb mussten mindestens immer zwei Zeugen unabhängig voneinander den Sachverhalt bezeugen. Noch heute ist ein Meineid vor Gericht strafbar, weil er für den Beschuldigten verheerende Folgen haben kann.

Doch auch ohne Meineid können Gerüchte oder falsche Anschuldigungen für den Betroffenen schlimme Folgen haben. Schnell ist sein Ansehen in der Verwandtschaft, am Arbeitsplatz oder in der Öffentlichkeit dahin und möglicherweise nicht nur sein Ruf, sondern auch jener der Institutionen beschädigt, für die er tätig ist. Im Volksmund gilt bekanntlich schnell der Satz: „Wo Rauch ist, ist auch Feuer“ - selbst dann, wenn sich außer der Aufgeregtheit des Verleumders nichts oder wenig zugetragen hat. Auch Rufmord kann so tödliche Folgen haben.

Als Konfirmand musste ich darum die Erklärung zum achten Gebot, die im Katechismus stand, auswendig lernen. Wir mögen heute modernere Methoden haben, das achte Gebot Jugendlichen verständlich zu machen. Doch stimmt angesichts der schlimmen Folgen, die ein Rufmord haben kann, die einst auswendig gelernte Erklärung immer noch: „Wir sollen Gott fürchten und lieben, dass wir unsern Nächsten nicht belügen oder verleumden, sondern jederzeit die Wahrheit reden und des Nächsten Ehre und guten Namen retten und bewahren.“

2. Mose 20,16; 5. Mose 5,20
23. Januar 2011

Die Kunst des Glaubens

Es gibt Situationen, die sind ganz und gar tragisch. Das ist etwa der Fall, wenn man nur noch zwischen zwei Übeln wählen kann. Das klassische Beispiel dafür ist das, was über den antiken Helden Odysseus berichtet wird. Er muss mit seinem Schiff durch zwei Klippen hindurchfahren. Bei der einen Klippe lauert Skylla, ein mehrköpfiges Ungeheuer, bei der anderen Klippe Charybidis, ein alles verschlingender Strudel im Meer. Odysseus entscheidet sich, damit nicht alle in den Tod gerissen werden, dazu, an Skylla vorbeizufahren. Er opfert einige Gefährten, die von Skylla verschlungen werden, um Schlimmeres zu vermeiden.

Wenn man Schuld auf sich laden muss, um eine noch schlimmere Schuld zu verhindern, ist das tragisch. Menschen, die in einer tragischen Situation waren, haben mich gelehrt, dass es aber immer auch ein „Jenseits der Tragödie" gibt. Oft haben sie diesen Zustand nur mühsam erreicht. Aber am Ende waren sie in einer neuen Wirklichkeit angekommen, die wieder lebenswert war. Es hilft, auf diese mögliche neue Wirklichkeit zu hoffen.

Das ist die Haltung des Glaubens. Sie setzt ungeahnte Kräfte frei. Schließlich schauen Christen nicht nur auf das Kreuz Christi und damit auf Schuld, Sünde und Tod, sondern sie blicken auch auf den Auferstandenen - Christus, der all das durchlitten, aber auch hinter sich gelassen hat - und von dem es im Glaubensbekenntnis heißt, er sei „aufgefahren in den Himmel". In der Tragödie noch mit dem Himmel rechnen, auch, wenn in der Wirklichkeit alles, aber auch alles dagegen zu sprechen scheint - das ist die Kunst des Glaubens. Jesus hat es einmal so gesagt: „Selig sind, die nicht sehen und doch glauben!"

Johannes 20,29
28. Januar 2007

Die Bibel - ein tiefgründiges Buch

„Sie werden lachen: die Bibel!“ Das antwortete Bert Brecht, als er gefragt wurde, welches Buch er auf eine einsame Insel mitnehmen würde. Das verwundert, denn der Dramatiker gilt als religionskritischer Mensch.

Der Bibel ist nichts Menschliches fremd. Sie berichtet davon, dass Jakob von seinem Vater den Segen für den Erstgeborenen, der seinem Bruder Esau zugestanden hätte, erschlich. Da Esau ihm deshalb nach dem Leben trachtet, flieht Jakob. Jahre später, inzwischen mit Geld und Familie gesegnet, kehrt Jakob zurück. Beim Übergang über den Fluß Jabbok wird er von einem Mann in einen Kampf verwickelt. Unklar ist, um wen es sich bei diesem Mann handelt. Klar ist aber, dass Jakob mit mancherlei zu ringen hat: Mit seiner Schuld und seiner Angst, den erschlichenen Segen zu verlieren. Den Kampf am Jabbok kann keiner der Kämpfenden für sich entscheiden. Jakob aber erkennt, dass selbst in diesem Ringen Gott gegenwärtig ist. Er sagt zu seinem Gegner: „Ich lasse dich nicht, du segnest mich denn!“ Und es geschieht. Jakob wird nun wirklich, weil von seinem himmlischen Vater, gesegnet. Er bekommt den neuen Namen „Israel“ und wird Stammvater eines erwählten Volkes. Das hat seinen Preis. Beim Kampf wird Jakobs Hüfte ausgerenkt, er hinkt fortan. Bisweilen ist der Segen Gottes nur nach heftigem Ringen zu bekommen und durch eine Beeinträchtigung zu bewahren.

Es sind tiefgründige Geschichten wie diese, die die Bibel zu einer dauerhaften Begleiterin machen. Selbst religionskritischen Menschen hat sie viel zu sagen.

1. Mose 25,29-34;27;32;33;
25. Januar 2009

Gebet und Fürbitte

Es gehört zu unserem menschlichen Wesen, dass wir ein Gegenüber brauchen. Für Glaubende ist dieses Gegenüber Gott selbst. An ihn können wir uns im Gebet wenden. Das Gebet ist die Sprachschule des Glaubens. Im Gebet antworten wir darauf, dass sich Gott uns Menschen zuwendet. Im Gebet erkenne ich als Mensch an, dass ich mich Gott verdanke. Zugleich kann ich Gott mein Leid klagen, ihn gar anklagen - so wie es im 22. Psalm geschieht: „Mein Gott, mein Gott, warum hast du mich verlassen?"

Beten sollen und können wir aber nicht nur für uns selbst. Andere brauchen es, dass wir sie - im ursprünglichen Sinn des Ausdrucks - „ins Gebet nehmen". Gründe dafür gibt es in dieser von Leid und Not geplagten Welt viele. Das ist uns in den letzten Wochen durch die verheerenden Folgen der Flutkatastrophe in Südostasien überdeutlich geworden. Neben der konkreten Hilfe brauchen die von den Folgen der Flut Betroffenen und die, die ihnen beistehen, unsere Fürbitte. Sie mag zunächst ganz unscheinbar wirken, doch geht von ihr eine große Kraft aus. Sie hält die Opfer in unserem Gedächtnis, verbindet uns gedanklich mit denen, die ihnen beistehen, und legt beide Gott ans Herz.

Zugleich ist es wichtig, dass wir einander in unsere Fürbitte einschließen. Denn angesichts des großen Elends in dieser Welt kann der Zweifel an uns nagen. Da ist es gut zu wissen, dass andere uns „ins Gebet nehmen". Sie tun damit das, was Jesus einmal für Petrus getan hat und was die Herrenhuter Brüdergemeinde zur Jahreslosung für 2005 erhoben hat: „Ich habe für dich gebetet, dass dein Glaube nicht aufhöre."

Psalm 22; Lukas 22,32
30. Januar 2005

Ehrlichkeit

Fast täglich hören wir in diesen Wochen von Skandalen, in die politische Prominenz verwickelt ist. Parteispenden, auf schwarzen Konten deponiert, in Koffern bar ins Ausland transferiert, Freiflüge für private Zwecke - bis in die Spitzen der Macht und der Parteien sind Politiker ins Kreuzfeuer der Kritik geraten. War vor den ganzen Affären und Skandalen schon eine gewisse Politikverdrossenheit zu spüren, so ist jetzt eine Glaubwürdigkeitskrise festzustellen. Der kleine Mann fragt sich, warum er sein Strafmandat wegen falschen Parkens oder seine Steuern ordentlich bezahlen soll, wenn die Großen der Politik so wenig vorbildlich mit dem ihnen anvertrauten Geld umgehen.

Bei allem Verständnis über diesen Ärger: Wer das Fehlverhalten von Politikern zum Anlass nimmt, es mit dem Rechtsstaat nicht mehr so genau zu nehmen, der spielt jenen Kräften in die Hände, die unsere freiheitlich-demokratische Ordnung aushebeln wollen. Außerdem sollte man über allem Zorn über das Verhalten bestimmter Politiker nicht das Engagement jener vom Volk gewählten Mandatsträger vergessen, die integer und lauter ihre politische Sache vertreten und sich ihrer Verantwortung bewusst sind. In einer Abwandlung eines Wortes des Völkerapostels Paulus ließe es sich so sagen: „Prüfet alle, die Guten behaltet!“

1. Thessalonicher 5,20
6. Februar 2000

Lachen befreit

Wie stellen sich Amerikaner den europäischen Himmel vor? Darin sind die Engländer die Polizisten, die Franzosen die Köche, die Deutschen die Mechaniker, die Italiener die Liebhaber und die Schweizer die Buchhalter. Und wie stellen sich Amerikaner die europäische Hölle vor? Darin sind die Engländer die Köche, die Franzosen die Mechaniker, die Deutschen die Polizisten, die Italiener die Buchhalter - und die Schweizer die Liebhaber!

Mit einem Witz karikieren wir Vorurteile und menschliche Schwächen - eigene und fremde. Mit Humor helfen wir uns über die großen und kleinen Probleme des Alltags hinweg. Lachen befreit. Das macht man sich im Fasching zunutze, indem man „sich lustig macht“. Dahinter steckt nicht die Absicht zu verletzen, sondern Lebenserfahrung: Wer nichts zu lachen hat, muss eben bisweilen nachhelfen, damit es wieder etwas zu lachen gibt. In einer Welt jedenfalls, in der es oft genug höllisch zugeht, ist das Lachen allemal ein himmlisches Vergnügen.

vgl. Prediger 3,4
18. Februar 2001

Gib, so wird dir gegeben

„Geiz ist geil!“ So hieß einmal ein kurzer und prägnanter Werbeslogan. Neben solchen Werbesprüchen haben es Worte aus der Bibel schwer, kommen sie doch eher holprig daher. So heißt es etwa im Alten Testament, im Buch der Sprüche: „Einer teilt reichlich aus und hat immer mehr; ein andrer kargt, wo er nicht soll, und wird doch ärmer.“ Dazu empfiehlt dieses biblische Wort auch noch das genaue Gegenteil dessen, was der flotte Werbespruch einem nahe legt: „Gib, so wird dir gegeben!“

Man muss kein Schwabe sein, um Sparsamkeit für wichtig zu halten. Viel ist dran an dem alten Merksatz: „Spare in der Zeit, dann hast du in der Not!“ Wer nicht sparsam ist, wird nicht nur in der Not Schwierigkeiten haben, er wird auch schwerlich einen gewissen Wohlstand aufbauen können. Allerdings hängen Geiz und Gier zusammen. Wer geizig ist, kann nie genug kriegen. Er wirkt darum wenig anziehend. Was soll an einem Gierigen „geil“ sein?

Das Wort aus dem Buch der Sprüche meint dagegen, dass Freigiebigkeit sich auszahlt. Indem wir Zeit, Geld, Kraft oder Zuwendung einsetzen, werden wir reicher als durch Geiz und Gier. Wir erfahren dabei, dass ein erfülltes Leben weniger mit Geld, sondern viel mehr mit Hingabe zu tun hat. Man kann durch Geiz in materieller Hinsicht reich werden und doch ein ganz und gar armes Leben führen. Es klingt holprig und ist doch wahr: „Einer teilt reichlich aus und hat immer mehr; ein andrer kargt, wo er nicht soll, und wird doch ärmer.“

Sprüche 11,24; Lukas 6,38
21. Februar 2010

Vergleiche sind Schattenkämpfe

Eine Fabel erzählt: Ein Hund läuft am Ufer eines reißenden Baches entlang. In seinem Maul trägt er ein großes Stück Fleisch. Doch plötzlich sieht er im Bach einen Schatten. Sofort beginnt er zu knurren. Er meint, einen Konkurrenten entdeckt zu haben. Als er argwöhnisch sein Schattenbild beobachtet, glaubt er, jener habe ein größeres Stück Fleisch im Maul als er. Gierig schnappt er danach - und so kommt es, wie es kommen muss: Sein eigenes Stück Fleisch fällt ins Wasser. Der reißende Bach trägt es fort und der Hund hat nichts mehr.

Wie viel Not entsteht doch aus dem Vergleichen! Da meinen manche, andere hätten das bessere Stück vom Leben erwischt. Unzufriedenheit entsteht oft daraus, dass man sich mit anderen vergleicht und dann meint, man stünde schlechter da.

Im Kirchenjahr befinden wir uns in der Passionszeit. Viele nutzen diese Zeit, um tatsächlich zu fasten oder aber um für eine Weile auf die eine oder andere Gewohnheit zu verzichten. In der Tat bedeutet im Christentum „Fasten" nicht einfach nur das Herunterhungern von Fettringen, sondern es geht um etwas anderes - nämlich um die Veränderung der Blickrichtung. Der Blick soll sich in dieser Zeit nicht auf andere richten, mit denen man sich sonst vielleicht gerne vergleicht, sondern auf einen selbst, damit die Antworten auf elementare Fragen wieder klarer werden: Wer bin ich? Was habe ich? Was brauche ich wirklich zum Leben? So wird man entdecken: Vergleiche sind Schattenkämpfe. Sie können dazu führen, dass manches ins Wasser fällt, was man eigentlich schon hat.

Matthäus 6,16-18; Epheser 4,22-24
24. Februar 2008

Eintreten für den christlichen Glauben

Heute enden die Olympischen Winterspiele von Turin. Sportlerinnen und Sportler aus zahlreichen Ländern haben daran teilgenommen. Etliche haben eine Medaille gewonnen. Manche waren enttäuscht, weil sie sich bessere Erfolgschancen ausgerechnet hatten. Doch haben im Grunde alle gewonnen, denn sie waren dabei. In einem seiner Briefe schlägt der Völkerapostel Paulus vor, sich als Christen an Sportlerinnen und Sportlern, die sich in einem sportlichen Wettkampf messen, ein Beispiel zu nehmen. In einem Wettkampf, so Paulus, kommt es auf drei Qualitäten an: Siegeswille, Selbstbeherrschung und Glaubwürdigkeit.

Das leuchtet unmittelbar ein: Wer keinen Willen zum Sieg hat, kann kaum gewinnen. In den Worten des Paulus: „Wisst ihr nicht, dass die, die in der Kampfbahn laufen, die laufen alle, aber einer empfängt den Siegespreis? Lauft so, dass ihr ihn erlangt." Zur Selbstbeherrschung beim Sport gehört, sich der Dinge zu enthalten, die die Leistungsfähigkeit herabsetzen. Und zu einem sportlichen Wettkampf gehört schließlich die Aufrichtigkeit.

Paulus führt den Vergleich mit einem sportlichen Wettkampf an, um deutlich zu machen, dass es beim Eintreten für den christlichen Glauben eben auf diese drei Dinge ankommt: Siegeswille, Selbstbeherrschung und Glaubwürdigkeit. Siegeswille in dem Sinn, dass das Ziel, Christus ähnlich zu werden, nicht aus den Augen verloren wird; Selbstbeherrschung, um das zu tun, was dem Erreichen dieses Zieles dient - und Glaubwürdigkeit. Glaubende sind mit diesen drei Qualitäten unterschiedlich ausgestattet. Nicht alle erlangen den Siegespreis. Für den christlichen Glauben, so Paulus, gilt dasselbe wie für die Olympischen Spiele: „Dabei sein ist alles!"

1. Korinther 9,23 f
26. Februar 2006

Zeit ist kostbar

Wir berechnen unsere Jahre nach dem so genannten gregorianischen Kalender. Er beschert uns heute einen Schalttag. Beim Konzil von Nicäa 325 n. Chr. war festgelegt worden, dass das astronomische Ereignis der Frühlings-Tag-Nacht-Gleiche mit dem 21. März zusammen fallen sollte. Da aber der von Julius Caesar eingeführte Kalender auch nicht ganz funktionierte, fand im Jahr 1582 der Frühlingsanfang am 11. März statt. Um im Folgejahr wieder den 21. März als Frühlings-Tag-Nacht-Gleiche zu haben, reformierte Papst Gregor XIII. im Jahr 1582 den Kalender. Und um den Fehler des julianischen Kalenders nicht mehr zu wiederholen, wurde die Zahl der Schalttage nach einem bestimmten Schlüssel reduziert.

Solche Erläuterungen mögen interessant sein. In unserem alltäglichen Leben interessieren wir uns aber in der Regel eher für die Qualität der Zeit und weniger für ihre Berechnung. Da möchten wir wohl zu manchem Augenblick sagen: „Verweile doch, du bist so schön!“ Ein anderes Mal wiederum, wenn wir etwa sehnlichst auf die Rückkehr eines geliebten Menschen warten, kann die Zeit nicht schnell genug vergehen. Jenseits der Lebensmitte haben viele Menschen den Eindruck, dass ihre Lebenszeit viel zu schnell vergeht und sie fragen sich, wo denn all die Jahre geblieben sind. Und in ganz ehrlichen Stunden fragt sich dann mancher, wie lange er noch auf dieser schönen Erde bleiben darf.

Ein zusätzlicher Tag im Jahr kann einem da klar machen, dass die Zeit, die einem zur Verfügung steht, ein kostbares Geschenk ist. Mit Kostbarem gehe ich als Mensch im Allgemeinen sorgsam um, zugleich erfreue ich mich daran. Die Bibel sagt das mit einfachen Worten so: „Kauft die Zeit aus!“

Epheser 5,16
29. Februar 2004

„Passen Sie gut auf sich auf!“

„Pfarrer müssen gute Entertainer sein!“ Diese These vertritt der geistliche Talkmaster Jürgen Fliege. Kürzlich fragte mich ein Reporter, was ich davon hielte. „Nicht viel!“ war meine Antwort.

Natürlich sollten Gottesdienste so gestaltet sein, dass sie ansprechen und die Herzen der Menschen erreichen. Natürlich brauchen wir alle zur Entspannung ein Stück Unterhaltung. Ich z.B. entspanne mich ganz gern durch Spannung - und schaue mir dann einen gutgemachten Krimi im Fernsehen an. Auch kann man fragen, ob die für die Verkündigung Verantwortlichen die Frohe Botschaft nicht bisweilen fröhlicher unter die Leute bringen könnten. „Erlöster sollten mir die Erlösten aussehen!“ So hat der Philosoph Friedrich Nietzsche einmal die Triefnasigkeit der Theologen kommentiert.

Doch hat der christliche Glaube wenig mit Unterhaltung zu tun. Im Kreuz Christi spiegelt sich das Elend der Welt. Elend ist nicht unterhaltsam. An der Auferstehung Jesu lässt sich die Vision Gottes für diese Welt ablesen: Not und Tod sollen überwunden werden. Diese Vision macht Hoffnung, unterhaltsam ist sie nicht. Menschen haben dafür ein tiefes Gespür. Bei der Beerdigung eines Angehörigen, den sie liebten, wollen sie getröstet, nicht unterhalten werden. Und eine Predigt soll ihr Leben so beleuchten, dass sie gestärkt in den Alltag gehen. Auf die Substanz kommt es an. Der schöne Schein, eine unterhaltsame Verpackung tun es nicht. In diesem Sinn: „Passen Sie gut auf sich auf!“

vgl. Johannes 5,24-26
7. März 1999

Passion

Johann Sebastian Bach verdanken wir großartige Musik. In seinen „Passionen" hat er die Leidensgeschichte Jesu vertont. Eine von ihnen ist die „Johannes-Passion". Sie wird in der Karwoche in der Stadtkirche in Karlsruhe gleich drei Mal nicht nur zu hören, sondern auch in einer getanzten Version zu sehen sein.

Sicher geht es dabei auch um Kunst, um Musik und Tanz. Doch geht es noch um mehr. Es geht um Verkündigung. Nicht nur das gesprochene Wort erzählt von der Leidensgeschichte Jesu - Tanz und Töne tun es in diesem Fall ebenso. Dabei wird deutlich, dass wir unsere Lebensgeschichte in die Leidensgeschichte Jesu hineinschreiben können. Gewiss kennen wir unbeschwerte Zeiten, Zeiten voller Glück. Aber auch das Gegenteil ist uns oft genug mehr als vertraut. Wir wissen um Verrat und Verleugnung, Schuld und Tod. In der Geschichte Jesu können Menschen ihre eigene Geschichte wiederfinden.

Doch hat er längst umgekehrt seine Geschichte in unsere Lebensgeschichte hineingeschrieben - und zwar in unserer von ihm, also christlich geprägten Kultur, mit Worten und Tönen allemal. Und so gehört zum christlichen Glauben die Überzeugung, dass unser Sterben nicht einfach in ein Nichts führt, sondern - wie Jesu Leiden durch seine Auferstehung - verwandelt wird. Darum endet selbst die traurige „Johannes-Passion" Johann Sebastian Bachs mit einer hoffnungsfrohen Bitte, die der Chor singt: „Ach Herr, lass dein lieb Engelein am letzten End die Seele mein in Abrahams Schoß tragen ...".

Johannes 18-21
17. März 2002

Verantwortung

„Adam, wo bist du?“ Das fragt Gott den Menschen in der bekannten Erzählung vom Paradies. Bis zu dieser Frage war Adam nur Mitläufer. Eva war die Aktivere gewesen. Sie hatte sich zunächst der Schlange widersetzt, die ihr einreden wollte, das Gebot Gottes, nicht vom Baum der Erkenntnis zu essen, könne so nicht gemeint sein. Dann aber war die Aussicht darauf zu wissen, was für sie und Adam gut oder schlecht sei, zu verlockend gewesen. Sie nimmt die Frucht vom Baum der Erkenntnis und gibt auch Adam davon zu essen.

Die Erzählung vom Paradies will nicht erklären, wie das Böse in die Welt kommt. Sie stellt nur fest, dass wir Menschen uns nach dem entscheiden, was für uns das Beste ist. Wir gestalten so unser Dasein. Und jede Erkenntnis verspricht einen Gewinn an Freiheit. Das ist verlockend. Warum sollten wir nicht danach greifen?

Dann aber merken Adam und Eva, dass sie ihre Unschuld verloren haben. Jede Erkenntnis kann weiterhelfen. Doch kann das Gute oder gut Gemeinte auch das Böse hervorbringen. Immer wieder etwa ist in der Vergangenheit darauf verwiesen worden, die Kernenergie sei ein umweltfreundlicher Weg zu Energiegewinnung. Welche die Umwelt schädigende Wirkung diese Technologie aber auch haben kann, haben uns gerade die schrecklichen Bilder aus Fukushima in Japan vor Augen geführt. In der Erzählung vom Paradies wird Adam mit der Frage Gottes „Wo bist du?“ zur Rede gestellt. Adam und Eva weisen ihre Schuld von sich. Doch die Erzählung macht klar: Wir Menschen kommen nie um unsere Verantwortlichkeiten herum!

1. Mose 3
20. März 2011

Die Sehnsucht nach dem Frieden

1543 dichtete Philipp Melanchthon diese Liedstrophen: „Der alte Drache schlummert nicht. Wie er in unser Leben bricht, sinnt er zu jeder Stunde. Er trachtet uns nach Hab und Gut, nach Herz und Seele, Leib und Blut und schlägt uns manche Wunde. Er stiftet uns zur Zwietracht an, verführt zu Unrecht jedermann, zu Feindschaft, Mord und Kriegen, zerrüttet Gottes Ordnung bald und will die Erde mit Gewalt zerstören und besiegen."

In unserer aufgeklärten Welt hat der Teufel, „der alte Drache", ausgedient. Dafür müssen dann Menschen als leibhaftige Teufel herhalten. Für viele in der arabischen Welt sitzt der Teufel im Weißen Haus in Washington - und für zahlreiche Amerikaner wiederum ist er in Bagdad zu Hause. Die Einteilung in Gute und Böse spielt auch bei Kriegsgegnern und bei Befürwortern des Irakkrieges hierzulande eine Rolle. So ist mein Eindruck, dass sich Rechthaberei breit macht - und deshalb die Zwietracht auf dem Vormarsch ist. Offenbar schlummert, selbst wenn es viele nicht wahrhaben wollen, „der alte Drache" auch unter uns nicht. Um der Zwietracht zu wehren, könnten sich die Gegner des Krieges im Irak wie seine Befürworter gegenseitig zugestehen, dass sie die Sehnsucht nach Frieden eint. Diese Sehnsucht wird in der Gebetsschule des Gesangbuches zum Ausdruck gebracht. Paul Gerhardt schrieb angesichts der Erfahrungen im Dreißigjährigen Krieg in einem Lied diese Zeilen: „Ach dass ich hören sollt das Wort erschallen bald auf Erden, dass Friede sollt an allem Ort, wo Christen (ich würde lieber sagen: Menschen) wohnen, werden! Ach dass uns doch Gott sagte zu des Krieges Schluss, der Waffen Ruh und alles Unglücks Ende!"

Evangelisches Gesangbuch 283,3
30. März 2003

Ostergelächter

Der Prediger lief zur Hochform auf. Verschmitzt und ein wenig pfiffig hintertrieben fragte er im Ostergottesdienst die seiner Predigt Lauschenden, wer zu Hause das Regiment führe, solle doch den Ostergesang „Christ ist erstanden" anstimmen. Erwartungsvoll schaute er die Männer an, die alle auf der einen Seite der Kirche saßen. Völlig überrascht und überrumpelt antworteten sie aber nur mit betretenem Schweigen. Da er diese Reaktion erwartet hatte, richtete der Prediger die gleiche Aufforderung an die Frauen, die - weil vorher abgesprochen - alle zugleich wie auf ein Kommando das Lied „Christ ist erstanden" anstimmten. Bei dem nachfolgenden „Ostergelächter" wird bei ihnen die Schadenfreude über die Blamage der Männer nicht gefehlt haben.

Überliefert ist dieser Vorgang aus dem Jahr 1506 aus der Klosterkirche zu Marchtal an der Donau. Bis ins 17. Jahrhundert hinein war solch ein Ostergelächter in den Ostergottesdiensten üblich, galt es doch in Scherzen und überraschenden Witzen, sich über den Tod lustig zu machen, der durch die Auferstehung Jesu bis auf die Knochen blamiert worden ist - und so die Fragen, die der Apostel Paulus nicht ohne Schadenfreude stellte, zu wiederholen: „Tod, wo ist dein Stachel? Hölle, wo ist dein Sieg?"

Schade eigentlich, dass uns in den Gottesdiensten zu Ostern das Ostergelächter weitgehend abhanden gekommen ist. Angesichts der vielen Tode, die auf dieser Erde gestorben werden, ist nämlich die Kunde von der Auferstehung Jesu nichts weniger als die Botschaft, dass es trotz „Hölle, Tod und Teufel" Grund zur Lebenslust gibt: „Humor ist, wenn man trotzdem lacht."

Evangelisches Gesangbuch 99; 1. Korinther 15,20.55
30. März 2005

Auferstehung

In Afrika hätte ich zu Ostern ein Problem. Afrikanische Christen würden mich fragen, was denn an der Botschaft von der Auferstehung Jesu so Besonderes ist. Ist Jesus nach seiner Auferstehung, so würden mich die Afrikaner fragen, anders gegenwärtig als unsere Ahnen, die uns im Traum erscheinen und Ratschläge geben? In unseren Breiten sind die skeptischen Fragen wegen der leiblichen Auferstehung Jesu, der Auferstehung der Toten überhaupt, anderer Art - aber nicht weniger offenkundig. Die Toten sind tot, sagen die Realisten, darum lasst uns das Beste aus dem Leben machen. Sterben ist eine Reise ohne Wiederkehr. Die Idealisten halten dagegen: Wenn wir sterben, dann trennt sich unsere Seele von unserem Körper. Der Leib mag verfaulen, aber unsere Seele ist unsterblich.

Unsere Einwände, ob in Afrika oder bei uns, sind in den neutestamentlichen Berichten von der Auferstehung Jesu gegenwärtig. Gegen diese Einwände wird in der Bibel Stellung bezogen. Mit der Bibel tut es der christliche Glaube. Ostern ist für ihn das Fest der Allmacht Gottes. Drei Tage war die Macht Gottes tatsächlich bedroht. Jesus Christus, der Sohn Gottes, war grausam ums Leben gebracht worden. Drei Tage hindurch war für die, die ihm nahestanden, alles dunkel. Selbst göttliches Leben, so dachten sie, verfällt der Unersättlichkeit des Todes. Dann aber die Kunde: Jesus Christus ist von den Toten erstanden. Die Allmacht Gottes ist offenbar. Sein Leben, das Leben selbst, geht weiter. Und darum tragen wir um Christi willen - und nur um seinetwillen! - eine große Hoffnung in uns, die der Apostel Paulus so formuliert: „Nun aber ist Christus auferstanden von den Toten als Erstling unter denen, die entschlafen sind.“

1. Korinther 15,20
15. April 2001

Der gute Hirte und schlechte Hirten

Schafe und Hirten spielen in der Lebenswelt der meisten Zeitgenossen keine Rolle mehr. Dennoch sind vielen biblische Sätze bekannt wie „Ich bin der gute Hirte." Oder: „Der Herr ist mein Hirte, mir wird nichts mangeln." Man kann sich diese Sätze so gut merken, weil in ihnen ein Muster der Menschenführung deutlich wird: Einer trägt die Verantwortung. Er sorgt für Sicherheit und Wohlergehen. Unter seiner Obhut kann man getrost das Eigene für die Lebensgestaltung tun. In den genannten Sätzen wird diese Erwartung Gott entgegengebracht.

Das Bild vom Hirten hat man auf Pfarrer und Pfarrerinnen übertragen. Sie sollen sich ihrer „Herde" annehmen und für die ihnen Anvertrauten sorgen - und gerade so auf die Menschenfreundlichkeit Gottes hinweisen. Das geht am besten dann, wenn die „Seelenhirten" um das rechte Verhältnis von Distanz und Nähe wissen. Gelingt dieses Verhältnis von Distanz und Nähe wächst das Vertrauen jener, die einem anvertraut sind, stetig. Umso schlimmer ist es dann, wenn durch sexuelle oder andere Übergriffe dieses Vertrauen missbraucht wird. Dann haben die „Hirten" das ihnen anvertraute Amt verletzt und andere zu Opfern gemacht. Das biblische Zeugnis dazu ist eindeutig. Jesus sagt von sich: „Ich bin der gute Hirte. Der gute Hirte lässt sein Leben für die Schafe." Wem Menschen anvertraut sind, der bringt selber Opfer, er macht andere nicht dazu. Gut zu wissen, dass dann, wenn man manchen „Seelenhirten" kein Vertrauen mehr entgegen bringen kann, Gott trotzdem dieses Vertrauen immer noch verdient. Er ist und bleibt der gute Hirte.

Psalm 23; Psalm 98,1; Johannes 10,11
18. April 2010

Kantate: Singet dem Herrn

Musik und Freude gehören zusammen. Wer Grund zur Freude hat, will das ausdrücken. Er pfeift, summt und singt: am Steuer, unter der Dusche - und eben auch in der Kirche. Heute gilt das ganz besonders, lautet doch das kirchliche Motto für den heutigen Sonntag „Kantate!"

„Singet! Singet dem Herrn ein neues Lied, denn er tut Wunder!" Als Ausdruck der Freude am Leben ist heute im Gesang der gottesdienstlichen Gemeinde besonders das Lob Gottes zu hören. Was aber, wenn einem gar nicht nach Singen zumute ist?

Von Saul, dem ersten König Israels, wird berichtet, er habe unter einem „bösen Geist", unter Schwermut gelitten. Ihm wird der Rat gegeben, nach jemandem suchen zu lassen, der Harfe spielen kann und dessen Musik ihn aufheitern könne. So kommt David an den Hof Sauls. Sein Gesang muss eindrücklich gewesen sein. Jedenfalls hat David Saul mit seiner Musik geholfen, denn es wird berichtet: „Sooft nun der böse Geist über Saul kam, nahm David die Harfe und spielte darauf mit seiner Hand. So wurde es Saul leichter, und es ward besser mit ihm, und der böse Geist wich von ihm."

Musik kann tröstlich sein. Deshalb hören viele Menschen Musik, wenn sie Trost brauchen. Oder sie besuchen einen Gottesdienst, vielleicht am heutigen Sonntag „Kantate" und werden dabei eine singende Gemeinde erleben, die sich am Leben freut und deshalb Gott lobt. Auch wenn einem dabei selber nicht nach Singen zumute ist, weil sich der eine oder andere „böse Geist" auf einen gelegt hat, haben die gesungenen Töne der anderen doch etwas Tröstliches. Sie erinnern daran, dass wir auch dann in ein großes Ganzes hineingehören und von Gottes Liebe getragen werden, wenn wir selber gerade nichts davon spüren. Schon ein Lied kann dabei Wunder wirken. Darum: „Singet dem Herrn ein neues Lied, denn er tut Wunder!"

Psalm 98; 1. Samuel 16,14-23; Evangelisches Gesangbuch 287
20. April 2008

Taufe

In der Frühzeit der Kirche wurden in der Regel Erwachsene getauft. Nach einem zweijährigen Taufunterricht fand die Taufe in der Osternacht statt. Dabei wurden die Täuflinge meist in einem eigens dafür gebauten Becken ganz untergetaucht. So wurde verdeutlicht, dass der „alte Adam" ersäuft wurde, also die Fehler und die Sünden der Vergangenheit nicht mehr das Bestimmende für das Leben sind, sondern ein neues Leben möglich ist. Am Sonntag nach Ostern nahmen die in der Osternacht Getauften und zu einem neuen Leben Berufenen zum ersten Mal in ihren weißen Taufgewändern am Gottesdienst der Gemeinde teil. Dieser Sonntag heißt darum noch heute in der Sprache der Kirchen „Quasimodogeniti" - wie neu geboren - oder der „Weiße Sonntag".

Noch einmal neu und ganz von vorn anfangen zu können - das wünschen sich viele. Da hat es in der eigenen Vergangenheit vielleicht Fehlentscheidungen und Versäumnisse gegeben, die zu einer verfahrenen Situation geführt haben. Wie soll man da wieder herauskommen?

Der Reformator Martin Luther meinte, es sei ratsam, jeden Tag aufs Neue in die „Taufe zurückzukriechen", sich also deutlich zu machen, dass der „alte Adam", die Fehler und Versäumnisse, die Sünden der Vergangenheit keine Macht mehr über Menschen haben, sondern Gottes Gnade gilt. Sie ist „all' Morgen ganz frisch und neu" - und damit auch die Zusage: „Nur Mut - du bist nicht festgelegt auf deine Fehler! Du kannst neu beginnen rein und weiß wie am Anfang!"

Evangelisches Gesangbuch 440; vgl. Römer 6,4 ff
23. April 2006

Erinnerungen

Musik und Erinnerungen gehören zusammen. Meine Generation wurde mit den Liedern der Rolling Stones und der Beatles groß. Keine Party ohne „I can get no satisfaction“. Zu vorgerückter Stunde kehrte dann doch so etwas wie „satisfaction“, wie Befriedigung ein, wenn wir bei dem Beatles-Song „Yesterday“ eng umschlungen tanzten und das „Stehblues“ nannten.

Wie die großen Hits heute heißen, weiß ich nicht. Und wenn ich es weiß, ist mir meist der Name der Interpreten nicht geläufig. Das liegt nicht nur daran, dass ich mich mit fortschreitendem Alter immer weniger für Popmusik interessiere. Vielmehr ist die Ursache darin zu suchen, dass ich mit dem Gesang heutiger Pop- und Rockgrößen keine persönlichen Erinnerungen verknüpfen kann wie eine Party oder eine durchtanzte Nacht.

Mit Kirchenliedern ist es wohl so ähnlich. Wir können uns nur dann an sie erinnern, wenn wir etwas Bestimmtes mit ihnen verbinden. Bei „Stille Nacht“ fällt den meisten darum immer noch Weihnachten und nicht der Körperkontakt beim zuletzt getanzten „Stehblues“ ein. Ein bestimmtes Kirchenlied erfreut sich in den letzten Jahren großer Beliebtheit, weil sich Menschen mit diesem Lied eine Erfahrung in Erinnerung rufen: Nichts ist selbstverständlich. Auch Arbeit nicht. Dankbarkeit ist darum angesagt. In einer Strophe dieses Liedes, das als „Dankelied“ bekannt geworden ist, heißt es deshalb: „Danke für meine Arbeitsstelle, danke für jedes kleine Glück. Danke für alles Frohe, Helle und für die Musik.“

Evangelisches Gesangbuch 334,3
30. April 2000

Trost

Der Mensch braucht Trost. Ohne Trost wird das Leben trostlos. Und wer trostlos lebt, ist womöglich irgendwann nicht mehr recht bei Trost. „Ich will euch trösten, wie einen seine Mutter tröstet." So verspricht Gott. Der Prophet Jesaja berichtet davon. In diesen Tagen hat Gott viel zu tun. Die nicht recht bei Trost sind, machen ihm zu schaffen: ein Amokläufer in Erfurt, ein Attentäter in Holland, ein Selbstmordattentäter in Tel Aviv. Die Reihe der schrecklichen Geschehnisse ließe sich lange fortsetzen. Sie treiben Menschen Tränen der Trauer, der Wut und der Ohnmacht ins Gesicht.

„Ich will euch trösten, wie einen seine Mutter tröstet." Zur Aufgabe einer Mutter gehört das Trösten. Dabei wird von Müttern heutzutage viel erwartet: Familie, Haushalt und Beruf sollen sie unter einen Hut bringen und dabei immer eine gute Figur machen. So manche Überforderung stellt sich ein. Wie kann eine Mutter dann noch eine gute Trösterin sein? Indem sie selbst Zuspruch erfährt und ihr zugetraut wird, eine gute Trösterin zu sein, die zur rechten Zeit das rechte Wort findet!

Nur, wenn wir uns in Bitte und Klage an Gott wenden, kann er uns trösten. Doch dann tut er es auch, und zwar so, „wie einen seine Mutter tröstet." Eine tröstende Mutter richtet ihr Kind auf. Gott tut es ebenso. Zu ihm kann man immer kommen, auch wenn man etwas falsch gemacht hat oder nicht mehr weiter weiß. Auch das Dunkle in uns, das wir anderen verbergen, können wir Gott sagen. Er hat für uns Verständnis wie es eine Mutter hat. Er wird uns nicht ohne Trost lassen.

Jesaja 66,13
12. Mai 2002

Selig sind, die Frieden stiften

Krieg um das Kosovo - und kein Ende? Täglich erfahren wir von Bomben auf Belgrad und andere serbische Städte. Wir schauen im Fernsehen auf die vom Leid gezeichneten Gesichter der Vertriebenen. Wann wird das Blutvergießen enden? Wann können die Vertriebenen in ihre Heimat zurückkehren?

Das Eingreifen der Nato in den Kosovokonflikt ist mit dem Zwang zur Wahl zwischen zwei Übeln begründet worden: Tatenlos den Vertreibungen und „ethnischen Säuberungen“ zuschauen oder eingreifen und dabei unter Umständen selbst töten? So oder so wird man schuldig. „Selig sind, die Frieden stiften ...“ heißt es in der Bergpredigt Jesu. Wie aber stiftet man Frieden?

Jedenfalls wird uns wieder einmal vor Augen gestellt, wie brüchig ein verbreitetes Menschenbild ist: edel ist der Mensch, hilfreich und gut. Das ist mitnichten so. Gewiss ist der Mensch zu großartigen Leistungen in Wissenschaft und Kunst, Bildung und Sport fähig. Gewiss gibt es in Not und Leid viele Zeichen der Verbundenheit, zu denen Menschen fähig sind. Die Spendenfreudigkeit der Deutschen zur Unterstützung der aus dem Kosovo Vertriebenen ist dafür ein eindeutiger Beleg. Doch kann all dies nicht darüber hinwegtäuschen, dass Menschen gerade in bester Absicht Schlimmeres bewirken können: „Das Gute meinen, macht viel’ Leute weinen!“ So hat es der Reformator Martin Luther einmal gesagt. Wir Menschen wollen das Gute - und tun doch oft das Böse.

Aus diesem Dilemma kennt die Bibel einen Ausweg. Es ist die Bitte um Vergebung. Diese Bitte setzt ein, wenn Menschen ihre Fehlerhaftigkeit und damit ihre Bedürftigkeit erkennen und zu Gott sagen: „Ich glaube - hilf meinem Unglauben!“

Markus 5,9; 9,24
16. Mai 1999

Anschauungsunterricht über Gott

Der 23. Psalm handelt vom Vertrauen. Viele kennen ihn noch. Wie ein Lied aus vergangenen Zeiten kann er einem gelegentlich über die Lippen kommen: „Der Herr ist mein Hirte, mir wird nichts mangeln. Er weidet mich auf einer grünen Aue und führet mich zum frischen Wasser ...“. Wer das liest oder betet, der sieht vor sich: grüne, saftige Weiden, auf denen eine zufriedene Schafherde grast, bewacht von einem achtsamen Hirten. Nur von fern droht Gefahr: „Und ob ich schon wanderte im finstern Tal, fürchte ich kein Unglück, denn du bist bei mir ...“. Dann wechselt das Bild. Die Rede ist von einem Wirt, der seinen Gästen „voll einschenkt“. Zwar geschieht diese großzügige Bewirtung „im Angesicht meiner Feinde“, doch der Bewirtete lässt sich davon keineswegs in seiner Zuversicht beirren: „Gutes und Barmherzigkeit werden mir folgen mein Leben lang und ich werde bleiben im Hause des Herrn immerdar.“

Dieser Psalm ist ein Anschauungsunterricht über Gott. Er verhält sich wie ein Hirte, der auf seine Herde achtet oder wie ein Wirt, der großzügig für seine Gäste sorgt. Gott - wie der gute Hirte und wie ein Wirt, der uns voll einschenkt? Dem Hirten, so scheint es zumindest oft, fehlen die Schafe und dem Wirt die Gäste. Vielen mangelt es an vielem. Wer kann dann noch so beten „... mir wird nichts mangeln“? In unserer Wirklichkeit spricht vieles, manchmal sogar alles gegen die Worte des 23. Psalms. Was jedoch für sie spricht ist, dass sie trotzdem in den schwierigsten Situationen gebetet werden. Das geht nur, weil sie Ausdruck des Vertrauens sind, das wir alle unbedingt zum Leben brauchen. Wer selbst in aussichtslos erscheinenden Situationen noch sagen kann „... du bist bei mir ...“, der sagt das nicht etwa zu sich selbst, sondern zu Gott - und Gott wird bei ihm sein.

Psalm 23
17. Mai 2009

Streit und Vergebung

Da haben sich zwei Menschen mal wieder so richtig gestritten. Die Fetzen sind geflogen. Dann war der Streit vorbei, aber die „dicke Luft“ blieb. So konnte es nicht bleiben, das Leben wäre unerträglich geworden. Darum haben sich die zwei ausgesprochen und miteinander versöhnt. Jetzt herrscht wieder Frieden und ein gutes Miteinander. Gut, wenn es so kommt. Aber so kommt es eben nicht immer. Versöhnung und Vergebung kann man nicht befehlen. Es gibt verletzende Worte, die lange nachwirken. Verletzungen lassen sich durch die Aufforderung zur Vergebung nicht aus der Welt schaffen. Versöhnung muss von Herzen kommen, wenn sie Bestand haben soll.

Doch das geht eben nicht immer. Die einander zugefügten Verletzungen können zu schmerzhaft sein. Aber der andere, die andere, bedeuten einem viel. Doch kann es nicht mehr so werden, wie es war. Dann wird der Frieden unter Umständen am ehesten dadurch wieder hergestellt, dass einer geht. Bei Abraham und seinem Neffen Lot war es so. Von ihrem Konflikt wird im 1. Buch Mose dieses berichtet: „Das Weideland reichte nicht aus für die Viehherden der beiden; sie konnten auf Dauer nicht zusammenbleiben.“ Auf Abrahams Vorschlag hin einigte man sich gütlich und trennte sich. Trotzdem - oder wohl gerade deshalb - blieben die zwei einander verbunden, so sehr, dass Abraham Lot später einmal sogar aus einer Gefangenschaft befreite. Verbundenheit muss durch eine Trennung nicht enden. Und nicht nur eine Versöhnung, sondern auch eine Trennung kann dem Frieden dienen.

1. Mose 13; 13,6; 1. Mose 14,12-16
20. Mai 2007

Taufe und Trinität

Ein Kind wird getauft. Es ist fast sechs Jahre alt, bekommt also von dem ganzen Vorgang schon recht viel mit. Und da es ein sehr aufgewecktes Kind ist, fragt es seinen Paten nach der Taufe: „Warum hat der Pfarrer gleich drei Mal Wasser benutzt?“ Der Pate darauf: „Weil die Taufe im Namen des Vaters, des Sohnes und des Heiligen Geistes geschieht.“ Wie aber erklärt man einem Kind - oder auch einem Erwachsenen - die Trinität, die Dreieinigkeit Gottes?

Gott teilt sich auf dreifache Weise mit: als Schöpfer, Erlöser und Tröster. Ein alter Reisesegen fasst das in diese Worte: „Der Herr sei vor dir, um dir den rechten Weg zu zeigen. Der Herr sei neben dir, um dich in die Arme zu schließen und zu schützen. Der Herr sei in dir, um dich zu trösten, wenn du traurig bist.“ Wie ein Vater weist Gott den Weg. Im Sohn wird er zum Bruder, der Leid und Schmerz mit uns teilt. Und wie eine Mutter tröstet er uns. In der Alten Kirche wurde übrigens der Geist Gottes bei der bildlichen Darstellung der Trinität häufig als Frau gemalt. Das hing unter anderem mit der mütterlichen Trösterrolle zusammen, die man schon im Alten Testament Gott zuschrieb: „Er will euch trösten wie einen seine Mutter tröstet!“

Trinität bedeutet, dass Gott uns in sein Dasein einbezieht, so wie wir als Kinder in einer Familie in das Miteinander von Vater, Bruder und Mutter einbezogen und davon getragen und gestützt werden. Mit der Taufe wird uns das zugesagt: „Im Namen des Vaters und des Sohnes und des Heiligen Geistes!“

Jesaja 66,13; Matthäus 28,19
22. Mai 2005

Die Seele in die Sonne halten

Dem Missionar einer Buschkirche in Neu-Guinea fiel nach dem Gottesdienst ein Mann auf, der unentwegt auf den Altar schaute und dabei offenbar in ein Gebet vertieft war. Schließlich fasste sich der Missionar ein Herz und fragte den Mann, was er denn da noch bete, der Gottesdienst sei doch schon längst vorbei. Darauf antwortete der Mann lächelnd: „Ich halte meine Seele in die Sonne."

Ohne die Wärme und Strahlen der Sonne gedeiht kein Leben, wächst keine Pflanze, blüht keine Blume. Und noch im Gewächshaus macht man das Sonnenlicht, wenn es sein muss, künstlich nach, damit die Pflanzen nicht eingehen. Wie den Pflanzen geht es uns Menschen. Wir brauchen das Licht und die Wärme der Sonne. Nach einer langen Zeit mit kaltem Wetter möchten daher viele hierzulande in den sonnigen Süden fliegen, um dem tristen Wetter zu entfliehen und wenigstens ihre Körper für eine Weile der Sonne aussetzen.

Wer betet, so lehrt die kleine Geschichte aus Neu-Guinea, „hält seine Seele in die Sonne". Er bekommt es mit der Wärme Gottes zu tun und kann darum besser mit der Kälte des Lebens umgehen. Wie die Sonne das Dunkel vertreibt und die Erde erwärmt, kann das Beten eine scheinbar aussichtslose Situation erhellen und dem Leben neue Wärme geben. Gottesferne hingegen verstärkt die Lebenskälte. Doch wer regelmäßig seine „Seele in die Sonne hält", merkt, wie ihr das gut tut und ihm neue Kräfte zuwachsen.

vgl. 1. Thessalonicher 5,16-18
25. Mai 2003

Träume und ihre (Be-)Deutungen

Die Bibel berichtet immer wieder von Träumen und ihrer Deutung. Josef z.B., von seinen Brüdern als „Traumer“ eingestuft, kommt durch seine Fähigkeit, Träume zu deuten, zu Macht und Einfluss. Manchen Propheten wird im Traum die Zukunft erschlossen, andere erzählen aber auch „falsche Träume“. Und Hiob hat offensichtlich Alpträume, für die er Gott verantwortlich macht: „Wenn ich dachte, mein Bett soll mich trösten, mein Lager soll mir meinen Jammer erleichtern, so erschrecktest du mich mit Träumen und machtest mir Grauen durch Gesichte ...“. Träume sind in der Bibel - wie in unserem eigenen Leben - ambivalent. Träume können helfen oder erschrecken. Hilfreich ist es aber allemal, wenn man Träume zu deuten versteht. Traumdeutung ist eine Kunst.

Ist auch Kunst Traumdeutung? Dieser Frage geht das ökumenische Kunstprojekt „KirchenTräume“ nach, das heute in Karlsruhe und Durlach, in Bad Bergzabern und Wissembourg beginnt. In insgesamt sechzehn Kirchen setzen sich Künstlerinnen und Künstler mit der biblisch-christlichen Tradition und dem jeweiligen Kirchenraum auseinander. Kirchenräume wecken offenbar Künstlerträume - sonst hätten sich wohl nicht so viele Künstler am vorangehenden Wettbewerb für das Kunstprojekt beteiligt.

Kunst und Religion gehören zu den wichtigsten Quellen der Kultur. Dabei ist es eines der vornehmlichen Aufgaben der Kirche, in ihren Räumen den Traum von einer für alle lebenswerten Welt ohne Unterdrückung und Not auszudeuten. Ein Psalmwort sagt es so: „Wenn der Herr die Gefangenen Zions erlösen wird, dann werden wir sein, wie die Träumenden. Dann wird unser Mund voll Lachens und unsere Zunge voll Rühmens sein.“

1. Mose 37,5-10.20; Hiob 7,13 f; Psalm 126,1 f
10 . Juni 2001

Leben durch Teilen

Ein Rabbi bat Gott einmal darum, den Himmel und die Hölle sehen zu dürfen. Gott erlaubte es ihm und gab ihm den Propheten Elia als Führer mit. Elia führte den Rabbi zunächst in einen großen Raum, in dessen Mitte auf einem Feuer ein Topf mit einem köstlichen Gericht stand. Rundum saßen Leute mit langen Löffeln und schöpften alle aus dem Topf. Aber die Leute sahen blass, mager und elend aus. Es herrschte eisige Stille. Denn die Stiele ihrer Löffel waren so lang, dass sie das herrliche Essen nicht in den Mund bringen konnten. Als die beiden Besucher wieder draußen waren, fragte der Rabbi den Propheten, welch ein seltsamer Ort das gewesen sei. Es war die Hölle. Darauf führte Elia den Rabbi in einen zweiten Raum, der genauso aussah wie der erste. In der Mitte brannte ein Feuer und kochte ein Essen. Leute saßen herum mit langen Löffeln in der Hand. Aber sie waren alle gut genährt, gesund und glücklich. Sie unterhielten sich angeregt. Sie versuchten nicht, sich selbst zu füttern, sondern benutzten die langen Löffel, um sich gegenseitig zu essen zu geben. Dieser Raum war der Himmel.

Diese jüdische Geschichte lehrt: Durch Teilen gelingt Leben. Man fühlt sich „wie im Himmel". Wir haben viele Möglichkeiten, zu teilen und so zu einem Stück Himmel auf Erden beizutragen: Materielle Hilfe für Menschen in Not, indem wir Zeit, Kraft und Energie einsetzen für andere, die sie nötig haben, indem wir unsere Herzen und Ohren öffnen und Anteil nehmen am Schicksal anderer. Der christliche Dichter Khalil Gibran sagt es so: „Gott spricht durch die Hände von Menschen, die von sich selber geben und aus ihren Augen lächelt er auf die Erde."

vgl. Matthäus 7,12
15. Juni 2008

Du sollst nicht begehren

Fußball ist ein Mannschaftsspiel: Einer für alle - alle für einen. Eindrücklich kann man das zur Zeit bei der Fußballeuropameisterschaft verfolgen. Da hat die vermeintlich schwächere Mannschaft eine Chance auf den Sieg, wenn sie geschlossen auftritt und gemeinsam kämpft.

Gleichwohl wird gerade in einem Fußballspiel deutlich, dass es auch auf den einzelnen ankommt. Ein einzelner Spieler kann in ein oder zwei Situationen durch einen genialen Einfall oder einen genau getretenen Freistoß ein Spiel umdrehen und so für den Sieg seiner Mannschaft sorgen. Solche Menschen gibt es auch sonst. Sie ragen aus der Masse heraus. Sie werden als Vorbilder verehrt oder, mindestens genauso häufig, beneidet. Neid kann einen zwar erst recht anstacheln, dem Vorbild nachzueifern. Doch wenn man ihm nicht gleichkommt, dann wächst unter Umständen der Neid umso mehr und schleicht sich als zerstörerisches Gift in die eigene Seele und in zwischenmenschliche Beziehungen ein.

Die Bibel rechnet damit, dass der Neid eine solch negative Energie besitzt, dass sie in den Zehn Geboten gleich zwei Mal sagt „Du sollst nicht begehren“ - und zwar weder „deines Nächsten Haus ... noch alles, was dein Nächster hat“. Erfreulich ist, dass es immer noch jene gibt, die sich vom Neid anderer nicht beeindrucken lassen und Großes vollbringen, aber doch bescheiden bleiben - beim Fußball und auch sonst.

5. Mose 5,21f
20. Juni 2004

Einer trage des anderen Last

„Elf Freunde müsst ihr sein!“ So lautet der Titel eines Büchleins, das ich einmal als Kind gelesen habe. Es schildert, wie eine Fußballmannschaft von elf Buben zusammenwächst. Der eine gleicht die Schwächen des anderen aus. Und selbst der herausragende Einzelspieler, der immer alles allein machen und so zum Erfolg kommen will, stellt sich am Ende in den Dienst der Mannschaft, weil er weiß: nur gemeinsam sind wir stark!

Angesichts des knallharten Geschäfts im bezahlten Fußball, in dem es „zur Sache“ geht und keiner „auf der Bank“ sitzen will, mithin die Konkurrenz auch in der eigenen Mannschaft groß sein kann, mag das in fernen Kindertagen Gelesene zunächst wie ein längst vergessener Wunschtraum wirken. Und doch - Fußball ist für viele nicht einfach nur deshalb so faszinierend, weil die immer wechselnden Situationen auf dem Spielfeld ein Abbild des Lebens liefern: da gibt es Gewinner und Verlierer, Zweikämpfe, faires Verhalten und böse Fouls, Fehlentscheidungen der Schiedsrichter, Glück und Pech, Verletzungen und allerlei andere Widrigkeiten. Vielmehr ist Fußball bei großen Turnieren gerade deshalb so spannend, weil auch die „Kleinen“ gegen die „Großen“ gewinnen können - in der Regel aber nur dann, wenn sie als wirkliche Mannschaft, gar als „elf Freunde“ auftreten. Solch eine Mannschaft begeistert.

Glaubende können hier von den oft zu Unrecht gescholtenen „Kindern der Welt“ viel lernen. Glaubende wirken dann begeisternd, wenn sie miteinander und nicht gegeneinander arbeiten, wenn die Herausragenden sich in den Dienst aller stellen und einer des anderen Schwächen ausgleicht. Paulus sagt es einmal kurz und bündig so: „Einer trage des anderen Last, so werdet ihr das Gesetz Christi erfüllen.“

Galater 6,3
23. Juni 2002

Richten

„Willst du sprechen über mich und die Meinen, geh' nach Haus und beseh' die Deinen. Findest du dort keine Fehler und Gebrechen, steht es dir frei über mich und die Meinen zu sprechen." Dieser Merkvers befand sich über der Eingangstür einer Wohnung, in der ich als Kind lebte. Jedes Mal, wenn ich hinausging, fiel mein Blick darauf. So hat sich mir dieser Vers eingeprägt.

Erst viel später ist mir aufgegangen, dass dieser Vers Worte Jesu aus der Bergpredigt aufnimmt. Dort ist zu lesen: „Richtet nicht, damit ihr nicht gerichtet werdet ... Was siehst du aber den Splitter in deines Bruders Auge und nimmst nicht wahr den Balken in deinem Auge?" Wir neigen häufig dazu, Fehler zunächst bei anderen zu suchen. Dabei ist Selbsterkenntnis tatsächlich der erste Weg zur Besserung des Miteinanders. Das kann man auch als Protestant von dem weitherzigen Papst Johannes XXIII. lernen. Von ihm wird diese wahre Geschichte berichtet:

In der Zeit, in der er noch Patriarch von Venedig war, bekam er eines Tages den Hinweis, einer seiner Priester sei Alkoholiker. Daraufhin erklärte Johannes seinem Sekretär: „Da müssen wir hin!" Vor dem Pfarrhaus angekommen, wurden die beiden ins nächste Gasthaus verwiesen und Johannes schickte seinen Sekretär hinein, um den Priester zu holen. Der Sekretär kam mit der Auskunft zurück: „Sein Hut hängt da, aber er ist nicht zu sehen." Darauf Johannes: „Wenn der Hut da ist, ist auch der Mann da." Tatsächlich kam der Sekretär einige Minuten später mit dem Priester aus dem Wirtshaus. Johannes ging mit ihm in sein Palais zurück. Dort bot er dem Priester einen Stuhl an: „Setz dich. Ich möchte nämlich bei dir beichten."

Matthäus 7,1-3
9. Juli 2000

Leben aus der Taufe

Heute feiert die Evangelische Kirche in Karlsruhe in der Günther-Klotz-Anlage ein großes Tauffest. Über 100 Menschen werden getauft: Säuglinge, Kinder, Jugendliche und Erwachsene. Sie werden alle im Namen des Vaters und des Sohnes und des Heiligen Geistes getauft. Doch was bedeutet das? Wir werden in diese Welt hinein geboren, ohne vorher gefragt worden zu sein. Die Familie, in die wir hineingeboren werden, haben wir uns nicht ausgesucht. Ebenso wenig das Land oder den Körper bestimmt, in dem wir leben. Wir können darin ein dumpfes Schicksal sehen, das wir hinnehmen müssen. Aber wir können das Leben auch als Gabe Gottes sehen und darin den Auftrag entdecken, dass wir zur Freiheit der Kinder Gottes berufen sind. Darum taufen wir im Namen des Vaters.

Ein Kind, das geboren worden ist, braucht die Liebe seiner Eltern. Sie vermitteln ihm Mut zum Leben. Dieser Mut wird immer wieder auf die Probe gestellt. Deshalb wird Christen ein Freund und Bruder zur Seite gegeben: Jesus Christus, der für uns gekreuzigt wurde und auferstanden ist. So haben wir noch in den dunkelsten Stunden jemanden, der uns nahe ist und Hoffnung gibt. Darum taufen wir im Namen des Sohnes.

In dieser Welt gibt es viel unheiligen Geist: Hass, Vorurteile, Kälte. Im Leben der Getauften aber soll ein anderer Geist regieren und ihr Leben durchdringen: der Geist der Versöhnung und des Friedens, der Geist der Zuversicht und der Liebe. Darum taufen wir im Namen des Heiligen Geistes. Gott ist um uns, mit uns und will in uns wirken. In der Sprache der Bibel: Wir sind getauft - im Namen des Vaters und des Sohnes und des Heiligen Geistes.

vgl. Matthäus 28,16-20
10. Juli 2011

Warum geschieht guten Menschen Böses?

Innerhalb weniger Wochen habe ich in meiner Bekanntschaft mehrmals erlebt, wie unerwartet der Tod ein Leben beenden kann. Einmal war es ein Mitarbeiter, der eine Witwe hinterließ, die nur schwer Trost findet. Das andere Mal war es eine junge Frau, die plötzlich ihre Mutter verlor, an der sie sehr hing. In beiden Fällen gab es auch sonst tragische Ereignisse, mit denen die beiden nun Trauernden schon genug belastet waren - und die sie beide in Würde und ohne Bitterkeit getragen haben.

Warum hat es ausgerechnet sie getroffen? Warum geschieht überhaupt guten Menschen Böses? Im Buch Hiob, das sich im Alten Testament findet, versuchen drei Freunde Hiobs eine Antwort. Über Hiob war schweres Leid hereingebrochen. Erst hatte er Hab und Gut verloren, dann seine Kinder und schließlich seine Gesundheit. Seine drei Freunde kommen, um ihn zu trösten. Sie klagen und weinen mit ihm. Am Ende schweigen sie mit ihm, weil allen die Worte fehlen. Endlich reden die Freunde doch und erklären Hiob, das er an seinem Leid selber Schuld sei, Gott würde ihn strafen.

Hiob ist sich keiner Schuld bewusst, die so schweres Leid rechtfertigt. Er pflichtet seinen Freunden nicht bei. Und in der Tat: Wer im Leid, das über ihn hereinbricht, eine Strafe Gottes sieht, findet darin keinen Trost. Besser ist der dran, der sich, wie der Beter des 46. Psalms, sagen kann: „Gott ist unsere Zuversicht und Stärke, eine Hilfe in den großen Nöten, die uns getroffen haben.“ Hiob handelt danach. Sein Schicksal wendet sich wieder zum Guten. Am Ende des Buches Hiob heißt es über den Leidgeprüften: „Und Hiob starb alt und lebenssatt.“

Das Buch Hiob; Psalm 46,2
12. Juli 2009

Von Gaben und Talenten

Vor nicht allzu langer Zeit ist ein Onkel von mir gestorben. Ich muss immer wieder einmal an ihn denken, denn ich habe ihn sehr geschätzt. Eigentlich war er der leibliche Onkel meiner amerikanischen Frau. Aber bisweilen sind die angeheirateten Verwandten viel interessanter als die, die man von klein auf kennt. Uncle El, so wurde er von uns genannt, war sehr beeindruckend. Er erinnerte mich an den Menschen aus dem Gleichnis von den anvertrauten Talenten, der aus seinen Gaben am meisten machte. Jesus erzählt in diesem Gleichnis von einem Mann, der außer Landes ging und für die Zeit seiner Abwesenheit seinen Untergebenen sein Geld anvertraut. Einer vergrub sein anvertrautes Talent, wie man damals die Währung nannte, während die anderen die anvertrauten Talente mehrten. Nach seiner Rückkehr belohnte sie der Mann, während er dem Initiativlosen das vergrabene Talent wegnahm.

Uncle El war für mich immer eine Verkörperung jener, die ihre Gaben und Talente nicht verstecken, sondern mehren. Da er aus finanziellen Gründen nicht hatte studieren können, las er unglaublich viel und bildete sich mit Dokumentarfilmen weiter. Zeitweilig fertigte er selber welche an. Dazu brachte er es als Versicherungsmakler zu recht vorzeigbarem wirtschaftlichem Erfolg. Uncle El war nicht besonders religiös. Doch das sind die im Gleichnis von den Talenten, nach dem Umgang mit ihren Gaben Befragten, auch nicht. Sie werden vielmehr nach ihren Taten beurteilt und danach, ob sie bereit waren, ihre Talente mit Zuversicht und Mut einzusetzen. Die es tatsächlich tun, machen durch ihr Vorbild Mut zu diesem Mut.

Matthäus 25,14-30
15. Juli 2007

Widerstand

Für jene, die sich für deutsche Geschichte interessieren, ist heute ein denkwürdiger Tag: Vor 59 Jahren, am 20. Juli 1944, verübte Graf von Stauffenberg auf Adolf Hitler ein Bombenattentat. Es gab Pläne, wie nach dem gelungenen Attentat die Spitzen des nationalsozialistischen Zwangsstaates verhaftet und zur Rechenschaft gezogen werden sollten. Allerdings überlebte der Diktator den Anschlag nur leicht verletzt. Noch in der Nacht wandte sich Hitler in einer kurzen Ansprache über alle deutschen Reichssender an die „deutschen Volksgenossen und -genossinnen" um deutlich zu machen, dass er unverletzt sei und um - wie könnt es anders sein? - die Attentäter zu verurteilen. Viele teilten damals Hitlers Ansicht über den Attentäter und seine Mitverschwörer.

Erst nach dem Krieg setzte sich allmählich die Einschätzung durch, dass da eine kleine Schar aufrichtiger Männer versucht hatte, dem Wahnsinn von Krieg und Massenmord ein Ende zu bereiten und Deutschlands Ansehen in der Welt nicht ganz verloren gehen zu lassen, Graf von Stauffenberg hatte es auf sich genommen, Übles zu tun - auch ein Tyrannenmord ist Mord - um Schlimmeres zu verhüten. Für ihn war es ein schwieriger Prozess, diese Gewissensentscheidung zu fällen. Die Bereitschaft zum Attentat und der Mut, das eigene Leben dafür einzusetzen, waren Zeichen der Hoffnung, so dass wir heute wissen: ihre Tat war nicht umsonst.

vgl. Apostelgeschichte 5,29
20. Juli 2003

Wünsche

„Mein rechter Platz ist leer. Ich wünsche mir den/die ... her." Das ist ein beliebtes Spiel unter Kindern. Wir Erwachsenen wünschen uns wohl manchmal, es wäre so einfach wie im Kinderspiel und wir könnten nach einer schmerzlichen Trennung oder einem endgültigen Verlust den geliebten Menschen herbeiwünschen. Doch das Leben ist kein Kinderspiel. Viele Wünsche gehen nicht in Erfüllung.

Doch Wünsche sind wichtig. Im Alltag begegnen sie uns immer wieder. Da gibt es Glückwünsche zum Geburtstag; nach einer bestandenen Prüfung oder bei der Verabschiedung aus dem Betrieb. Zur Zeit wünschen sich besonders viele „schöne Ferien". In solchen wiederkehrenden Situationen werden unsere grundlegenden Wünsche offenbar: Gesundheit, Geld, Glück, Erfolg, Anerkennung, dauerhafte Liebe, gestillte Sehnsucht. Wünsche sind wie Motoren. Sie treiben uns an. Wer sich nichts mehr wünscht, gibt der Hoffnung keine Chance mehr. Zugleich können Wünsche auch wie Waffen sein, die wir gegen uns selbst oder gegen andere richten. Wenn wir unerfüllbare Luftschlösser bauen, ärgern wir uns über uns selbst, weil wir das Angestrebte nicht erreicht haben oder beneiden andere, denen scheinbar mehr glückt als uns. Oder wir setzen Menschen in unserer Nähe mit unseren Wünschen unter Druck: „Du hast doch aber gesagt, dass ...".

Mit zunehmender Reife machen wir die Erfahrung, dass sich nicht nur andere Menschen sondern das Leben selbst nicht immer unseren Wünschen beugt. So mancher Traum und sinnvolle Planung wird durch Unvorhergesehenes zerschlagen. Glaubende wissen, dass Gott nicht einfach der Erfüller unserer Wünsche ist und sind doch zuversichtlich. Der Theologe Dietrich Bonhoeffer drückt diese Zuversicht so aus: „Es gibt erfülltes Leben, trotz vieler unerfüllter Wünsche."

vgl. Psalm 37,4; Matthäus 7,7
25. Juli 1999

Gottesdienst und Rituale

Ich stelle mir vor: Der Karlsruher Sport Club hat ein Heimspiel. Tausende strömen ins Stadion. Vor Beginn des Spiels werden zwei Lieder gesungen: „KSC, Olé, Olé" und - natürlich - das Badner Lied. „Musik zum Eingang" hieße das in meiner Agende, dem Buch, das Auskünfte über Gottesdienstabläufe gibt. Es folgt das Votum: Im Namen des ... KSC begrüßt der Stadionsprecher die Anwesenden. Die Spieler werden vorgestellt. Der Sprecher. nennt den jeweiligen Vornamen und die Menge ruft im Chor die Nachnamen. Responsorien, Wechselgesänge zwischen Chor und Priester, würde man das in der liturgischen Fachsprache nennen. Bald danach folgt der Einzug der Akteure, die auf dem grünen Rasen die hohe Kunst des Fußballs zelebrieren - oder auch nicht. Jedenfalls folgt das Spiel bestimmten Regeln und wird von Gesängen von den Rängen begleitet: „Und wir steigen wieder auf! Halleluja!" Wäre das ein Kirchenlied, würde es unter der Rubrik „Hoffnung und Zuversicht" im Gesangbuch stehen.

Wiederkehrende Handlungen mit gleichen Elementen nennt man Rituale. Sie sind in allen Lebensbereichen anzutreffen. Rituale gliedern Zeit, Arbeit, Sport, Beziehungen, Alltag und Feste. So helfen sie bei der Lebensgestaltung. Indem sie auf Vertrautes zurückgreifen, schaffen sie Raum für Neues. Zugleich kann ein Ritual etwas Zwanghaftes bekommen oder schlicht langweilig wirken, vor allem, wenn die eigene Lebenswirklichkeit darin nicht vorkommt.

Das kann auch auf religiöse Rituale, auf Gottesdienste zutreffen. Ebenso wie andere Rituale sind sie ausgespannt zwischen Lebendigkeit und Langeweile. Wenn sich in einem Gottesdienst Himmel und Erde berühren und wir mit unseren Sehnsüchten, Hoffnungen, Wünschen, Ängsten und Schmerzen ernst genommen werden, dann ist ein Gottesdienst alles andere als langweilig. Übrigens - das kommt häufiger vor als es landläufig gemeint wird.

vgl. Apostelgeschichte 2,42
5. August 2001

Jenseits der Tragödie

Immer wieder Katastrophen und Unglücke - durch Naturgewalten ausgelöst oder von Menschen gemacht. Wie soll man damit umgehen? Glaubende halten sich an die Bibel. Sie sagt zum einen, dass die ganze Schöpfung der Vergänglichkeit unterworfen ist. Sie vergeht und hofft zugleich, wie der Mensch, auf Erlösung. Zum anderen hält die Bibel daran fest, dass es menschliche Verantwortlichkeiten gibt. Der Mensch hat vom „Baum der Erkenntnis" gegessen. Er weiß, was gut und böse ist. Er kann durch Fehlverhalten Naturkatastrophen verstärken oder auslösen und Unglücke durch Fahrlässigkeit, Geltungssucht oder Gedankenlosigkeit heraufbeschwören. Ist das Unglück eingetreten, kann er darum auch hinterher nicht sagen: „Ich bin nicht schuld. Der andere ist es!"

Menschen, die von einem Unglück betroffen waren, haben mich zudem gelehrt, dass es ein „Jenseits der Tragödie" gibt. Oft war dieses Jenseits für sie nur Schritt für Schritt zu erreichen. Am Ende waren sie aber doch in einer neuen, lebenswerten Wirklichkeit angekommen. Es hilft also, sich nach dieser neuen Wirklichkeit auszustrecken und auf sie zu hoffen. Das ist die Haltung des Glaubens. Sie setzt ungeahnte Kräfte frei. Schließlich schauen Christen nicht nur auf das Kreuz Christi und damit auf Vergänglichkeit, Schuld und Tod, sondern sie glauben auch an den auferstandenen Christus, der all das erleiden musste, aber auch hinter sich ließ. Darum heißt es von ihm, er sei „aufgefahren in den Himmel". Selbst in der Tragödie mit dem Himmel zu rechnen - das ist die Kunst des Glaubens. Jesus hat es einmal so gesagt: „Selig sind, die nicht sehen und doch glauben!"

1. Mose 3,6; Johannes 20,29; Markus 16,19; Lukas 24,51
8. August 2010

Für die Seele sorgen

Martin Luther war ein guter Seelsorger. Das lag daran, dass er gelernt hatte, für die eigene Seele zu sorgen. Für Luther gehörte zu dieser Seelsorge an sich selbst der Grundsatz, von den eigenen Stärken auszugehen. Er drückte das so aus: „Wenn du einmal in eine schwierige Lage gerätst, dann erst wirst du erfahren, dass du auch diese meistern kannst; vergleiche sie nur mit den übrigen Gaben, die in deiner Lage viel reichlicher sind als der Schaden."

Gewiss neigen wir Menschen bisweilen dazu, uns zu überschätzen. Wir muten uns dann Ziele zu, die wir nicht erreichen können. Am Ende sind wir nur frustriert, weil wir es nicht geschafft haben. Doch oft genug ist auch das Gegenteil der Fall. Wir machen uns kleiner als wir tatsächlich sind und reden uns ein: „Das kann ich nicht! Das schaffe ich nicht! Dazu reichen meine Kräfte nicht aus!"

Luther hingegen rät, zunächst immer von den eigenen Gaben, Fähigkeiten und Stärken auszugehen - besonders dann, wenn wir in eine schwierige Situation geraten sind. Man sorgt dann, so Luther, für seine Seele am besten, indem man einen abwägenden Vergleich vornimmt: In die eine Waagschale sollen wir unsere Fähigkeiten und Gaben wie etwa Ausdauer, Geduld, Treue und Intelligenz legen, und auf die andere Waagschale das Problem. Wir werden dann merken, meint Luther, dass sich die Waage zu unseren Gunsten neigt. Indem wir in einer schwierigen Situation so für unsere Seele sorgen, wird uns die Kraft zuwachsen, diese Situation so zu meistern, wie wir es uns davor kaum zugetraut hätten.

vgl. Epheser 4,7
10. August 2008

Traditionen

„Trau keinem über dreißig!“ Mit diesem flotten Spruch bin ich aufgewachsen. Er gehörte zum Standard unserer Jugendkultur. In der Schule hatten wir ihn von unseren Vorbildern, den Studenten der 68er-Generation, übernommen. Dazu kam ein weiterer Spruch, den wir aufgriffen: „Unter den Talaren sitzt der Mief von tausend Jahren!“ Dieser flotte Spruch bezog sich damals in erster Linie auf Professoren. Er wurde von uns Jugendlichen aber auch auf Richter und Pfarrer angewendet, die uns oft als Hüter einer verstaubten Tradition vorkamen.

Inzwischen trage ich als Pfarrer selber einen Talar - bei Gottesdiensten und anderen Gelegenheiten wie Taufen, Trauungen und Beerdigungen. Dabei komme ich mir alles andere als miefig vor. Vielmehr betrachte ich es als eine wunderbare und manchmal sicherlich auch schwierige Aufgabe, Menschen in die Nähe Gottes führen zu dürfen. Der Talar weist mich dabei als evangelischen Geistlichen aus - und er schützt mich, wenn auch „nur“ symbolisch. Die Nähe Gottes fasziniert, aber sie löst auch, wie die Bibel sagt, „Furcht und Zittern“ aus. Da ist Schutz durchaus angebracht.

Als Jugendlicher habe ich, wie viele Altersgenossen, den Sinn eines Talars wie überhaupt den Sinn vieler Traditionen nicht verstanden. Unverständnis und Aufbegehren gegen Überkommenes sind das Vorrecht der Jugend. Ohne Proteste - mit oder ohne flotte Sprüche - gibt es häufig keinen Weg zu Eigenständigkeit und Selbstvertrauen. Doch zum Erwachsenwerden und zum Erwachsensein gehört zugleich auch Orientierung. Zu ihr verhelfen Traditionen, die es kritisch zu prüfen und in das eigene Leben zu integrieren gilt. Der Apostel Paulus hat es einmal so gesagt: „Prüfet aber alles, und das Gute behaltet!“

1. Thessalonicher 5,21
13. August 2006

Israelsonntag

Heute wird in vielen Kirchen der so genannte „Israelsonntag“ begangen. Die christliche Gemeinde denkt über ihr Verhältnis zu den Juden nach. Dieses Verhältnis war über viele Jahrhunderte voller Spannungen. Christen meinten, sie seien in den Augen Gottes an die Stelle der Juden getreten und warfen ihnen vor, Christusmörder und Brunnenvergifter zu sein. Trat eine Seuche auf, waren die Juden schuld und so wohlfeile Sündenböcke. Viele Historiker sehen darum einen Zusammenhang zwischen christlichem Antijudaismus und der Judenvernichtung in den Konzentrationslagern des 20. Jahrhunderts. Nach dem Holocaust ist vielen Christen klar geworden, dass es einer anderen Verhältnisbestimmung zwischen Juden und Christen bedarf. Im Neuen Testament liefert der Apostel Paulus in seinem Römerbrief dafür die Grundlage. Paulus, der zunächst Jude war und dann zum christlichen Glauben fand, vergleicht die Christen mit Zweigen, die in einen Ölbaum eingepfropft worden sind - und das Judentum mit dem Stamm beziehungsweise den Wurzeln dieses Ölbaums.

Für Paulus bildet also das Judentum die Wurzel des Christentums. Wer seine Wurzeln vergisst, entzieht sich Kraft. Kein Baum kann ohne Wurzeln leben. Was in der Natur gilt, gilt auch für den Glauben. Gott sei Dank gibt es einen Unterschied zwischen Politik und Glauben. Man muss darum nicht mit der Politik der jetzigen israelischen Regierung übereinstimmen, um nicht doch gleichzeitig mit Paulus als Christ über den jüdischen Glauben sagen zu können: „Nicht du trägst die Wurzel, sondern die Wurzel trägt dich.“

Römer 11,17f
15. August 2004

Gottes Häuser

Die Kleine Kirche in Karlsruhe ist ein Kleinod. Sie ist ein Schmuckstück und kostbar. Vielen gefällt besonders das Innere dieser Kirche. Paare lassen sich gern in ihr trauen. Man feiert darin Gottesdienste und kommt zu Konzerten. Während der Öffnungszeiten der Kirche nehmen zahlreiche Menschen die Gelegenheit zum Gebet wahr oder ruhen sich einfach vom Treiben auf der Kaiserstraße aus. Gerade so ist zu merken, was eine Kirche kostbar macht. Es ist nicht einfach bloß ihr Gebäudewert und ihre Ausstattung. Kirchen bieten Geborgenheit, und sie haben so etwas mit dem Gedächtnis einer Stadt zu tun.

Wenn die Steine der kleinen Kirche sprechen könnten, hätten sie viel zu erzählen: Von den Tränen der Freude und des Verlustes, die darin geflossen sind, von der Geschichte dieser Stadt, von ihren Anfängen bis heute von Krieg, Zerstörung und Wiederaufbau, von Schuld und Leid, von Dankbarkeit und Lebensfülle. In diesem Sinn sind Kirchen tatsächlich Gottes Häuser. Sie weisen auf die Gegenwart Gottes und die Geborgenheit hin, die er im Auf und Ab der Geschichte schenkt.

So kommt es nicht von ungefähr, dass viele ein bestimmtes Kirchengebäude in ihr Herz geschlossen haben. Für die einen ist es die Kleine Kirche, für andere ein anderes Gotteshaus dieser Stadt oder sonstwo.

Ein Psalmbeter drückt diese Verbundenheit so aus: „Herr, ich habe lieb die Stätte Deines Hauses und den Ort, da Deine Ehre wohnt.“

Psalm 26,8
6. September 1998

Städte

Ich lebe gerne in einer Stadt. Und erst recht lebe ich gerne in Karlsruhe. Karlsruhe ist anziehend. Die fächerartig angelegten Straßen machen die Orientierung leicht. Vom Schloss aus ist man schnell im dahinter liegenden Park oder im Hardtwald. Man kann vom Schloss aus aber auch schnell die Kaiserstraße erreichen. Dazu ist immer etwas los: Kultur, Kino, Theater, Museen, Feste, Sportereignisse.

Natürlich hat Karlsruhe, wie viele andere Städte, auch seine Probleme. Innenstadtbewohner beklagen den Lärm, der mit manchen Festen auf dem Marktplatz verbunden ist. Die Stadtoberen machen sich Sorgen wegen der Kassenlage. Das Für und Wider der U-Strab erhitzt die Gemüter. Doch trotz dieser und anderer Probleme lebe ich gerne hier. Denn an den Schwierigkeiten wird deutlich, was eine Stadt immer auszeichnet: sie bietet besondere Lebensmöglichkeiten. Schon im Mittelalter sagte man darum: „Stadtluft macht frei!“

Man spürt das, wenn man an einem lauen Sommerabend durch die Innenstadt Karlsruhes schlendert. Menschen sitzen vor den Kneipen, Cafes, Restaurants und Bistros, Sie schwatzen, lachen und diskutieren. Karlsruhe hat dann etwas Südländisches - und es scheint fast so als ob die Stadt sagen wollte: „Alles wird gut“. Städte sind oft verheißungsvolle Orte. Kein Wunder, dass schon in der Bibel Städte besondere Orte waren. Im letzten Buch der Bibel wird der Himmel gar mit einer Stadt, dem „himmlischen Jerusalem“, verglichen, in der „Gott abwischen wird alle Tränen“. Manchmal liegt auch über Karlsruhe ein Hauch des Himmels …

Offenbarung 21,2-4
6. September 2009

Der Geist der Kirchen

„Orte der Einkehr und des Gebets - Historische Sakralbauten“ - so lautet in diesem Jahr das Motto zum „Tag des offenen Denkmals“. Er wird am heutigen Sonntag begangen. Viele Kirchen in Karlsruhe - und andere Sakralbauten wie die Jüdische Synagoge - haben ihre Tore geöffnet, um Besucherinnen und Besuchern das nahe zu bringen, was Sakralbauten in der Tat sind: Orte der Einkehr und des Gebets, also in der Regel Orte, an denen Gottesdienste gefeiert werden.

Wer etwa eine Kirche betritt, der spürt sogleich: hier herrscht ein anderer Geist. Dieser Geist umfängt die Geschichte, die das Bauwerk, wenn es sprechen könnte, erzählen würde: Von der Freude und dem Leid, die Menschen an diesen Ort mitbrachten, von Schuld und Dankbarkeit und möglicherweise von Zerstörung und Wiederaufbau. Doch weil in diesem Haus Gottes eben auch Gottesdienste gefeiert werden, wird die Geschichte, die das Gebäude erzählen könnte, von einem anderen Geist als dem der Welt umfangen - eben dem Geist des lebendigen Gottes. So werden Sakralbauten auch dann zu Orten der Einkehr, der Ruhe und der Besinnung, wenn darin gerade keine Gottesdienste gefeiert werden - oder zu Orten für ein stilles Gebet.

An solchen Orten findet der Glaube eine Verortung. Sie zeigen, dass er unter uns eine Heimat hat und Menschen stärkt. Kein Wunder, dass viele Menschen an einem vertrauten Gotteshaus besonders hängen, vor allem, wenn sie darin getauft oder getraut wurden. Ein Psalmbeter drückt es so aus: „Herr, ich habe lieb die Stätte deines Hauses und den Ort, da deine Ehre wohnt.“

Psalm 26,8
9. September 2007

Gottvertrauen

Der 11. September ist kein Tag wie jeder andere. Seit den Terroranschlägen auf das World Trade Center in New York und das Pentagon in Washington im Jahr 2001 hat sich dieses Datum fest eingeprägt. Es ist zum Symbol für die Bedrohung durch den Terrorismus geworden. Zu den Gefährdungen des menschlichen Lebens ist eine weitere Bedrohung hinzugetreten. Dabei wären die bereits vorhandenen schon mehr als genug: Schlimme Krankheiten, schwere Unfälle wie gerade das Seilbahnunglück in Sölden - und verheerende Naturkatastrophen wie jüngst im Süden der USA machen das überdeutlich.

Gegen schlimme Krankheiten hat die moderne Medizin schon vielfach Heil- und Linderungsmethoden gefunden. Gott sei Dank. Schwere Unfälle können durch umsichtiges und vorsichtiges Verhalten oft vermieden werden. Und die Folgen von Naturkatastrophen können gemildert werden, wenn der Mensch die Schöpfung bewahrt und Hilfsmaßnahmen bei Naturkatastrophen rechtzeitig und gezielt eingesetzt werden. Doch machen wir uns nichts vor. Menschliches Leben bleibt gefährdet. Gerade die Folgen des Hurrikans Katrina machen klar, dass selbst bei rechtzeitiger und gezielter Hilfe immer noch viele Menschenleben und schreckliche Verwüstungen zu beklagen gewesen wären.

Schon den Menschen des Alten Testaments war bewusst, dass schlimme Nöte ganz plötzlich über das Leben der Menschen hereinbrechen können. Sie fragten sich, was ihnen helfen könnte und wandten sich in ihrer Not an Gott. Immer wieder haben Menschen es ihnen gleich getan und gerade so die Kraft gefunden, sich gegen die Not zu stemmen und ihre Folgen möglichst aus der Welt zu schaffen oder zumindest zu lindern. Ein Psalmvers sagt es so: „Gott ist unsere Zuversicht und Stärke, eine Hilfe in den großen Nöten, die uns getroffen haben.“

Psalm 46,2
11. September 2005

Kinder und das Reich Gottes

„Wahrlich, ich sage euch: Wer das Reich Gottes nicht annimmt wie ein Kind, der wird nicht hineinkommen." Diese Worte Jesu gehören zum so genannten Kinderevangelium. Sie werden fast bei jeder Taufe gelesen - und häufig missverstanden. Viele meinen sie würden bedeuten, dass Erwachsene, um in das Reich Gottes zu kommen, wieder werden müssten wie die Kinder. Aber wer will schon, vor allem wenn er unter Mühen erwachsen geworden ist, wieder kindlich oder gar kindisch werden?

Die Worte Jesu meinen etwas anderes. Außer bei den Juden hatten die Kinder in der Antike kaum Rechte. Sie standen auf der untersten sozialen Stufe, manche wurden gar verkauft. Jesus wehrt sich dagegen und erinnert Erwachsene daran, dass sie nur dann ins Reich Gottes gelangen, wenn sie Kinder annehmen und sich für sie einsetzen. Noch heute ist dieser Hinweis nötig. Es gibt zahlreiche Länder, in denen die Kindersterblichkeit hoch ist, die Arbeit von Kindern ausgebeutet wird oder Kindersoldaten ihr Leben lassen müssen. All das hat es bei uns auch gegeben. Im 19. Jahrhundert etwa war die Kindersterblichkeit hoch und Kinderarbeit an der Tagesordnung. Am Ende des Zweiten Weltkrieges wurden Halbwüchsige in Uniformen gesteckt und für den angeblichen „Endsieg" geopfert. Das gibt es bei uns - Gott sei Dank - nicht mehr. Doch gibt es hierzulande trotzdem zu viele leidende Kinder. Ihr Leid sieht heutzutage nur anders aus: Missbrauch, Vernachlässigung, Verarmung, aber auch Verwöhnung.

Es geht auch anders. In vielen Familien mühen sich Eltern liebevoll um ihre Kinder. In diesen Tagen werden phantasievolle Feiern zur Einschulung von Erstklässlern gestaltet. In Kindergärten wie etwa dem „Evangelischen Kindergarten Himmelszelt" in der Kreuzstraße 15 A, der am Erntedankfest eingeweiht wird, bemühen sich Erzieherinnen nachdrücklich um Kinder. Kinder brauchen Erfahrungen und Orte, in denen sie die liebevolle Annahme von Erwachsenen spüren. Wenn das geschieht, wird etwas vom Reich Gottes sichtbar - und der Himmel geht über allen auf.

Lukas 18,17
14. September 2003

Ökumene

„Grau ist alle Theorie." Das sagt der Volksmund, wenn er beschreiben will, dass theoretische Gebilde sich in der Praxis oft ganz anders darstellen. Doch wenn es um kirchliche Lehren geht, dann kann die Theorie sehr schnell die Praxis bestimmen. Dogmatische Lehrformeln sind keine leeren Formeln.

Das weiß man in der ökumenischen Diskussion nur zu genau. Ökumene meint das Miteinander in der weltweiten Christenheit - nicht nur das Aufeinanderzugehen von evangelischen und katholischen Christen. Hierzulande wird der Begriff „Ökumene" hauptsächlich für die Verständigungsbemühungen von Katholiken und Protestanten gebraucht. Viele Gemeinsamkeiten wurden in der ökumenischen Diskussion zwischen beiden Konfessionen erreicht und in die Tat umgesetzt. Dafür kann man nur dankbar sein. Doch soll man sich auch keinen Illusionen hingeben. Im Papsttum, in der Abendmahlslehre und in der Heiligen- und Marienverehrung gibt es immer noch erhebliche Unterschiede.

Wer hat Recht? Ich vertrete im ökumenischen Dialog meinen Standpunkt immer in einem Bild: Christus steht im Zentrum. Er bildet gewissermaßen die Mitte eines Kreises. Auf der Kreislinie um dieses Zentrum befinden sich die verschiedenen christlichen Konfessionen. Auf einer Kreislinie ist man von der Mitte gleich weit entfernt - und alle sind gleich nah dran. Diese Theorie verhindert eine graue Praxis.

vgl. Kolosser 3, 12-15
17. September 2000

Gut und Böse

„Erlöse uns von dem Bösen!“ Die Bitte im Vaterunser rechnet damit, dass nicht nur das Gute, sondern auch das Böse in der Welt ist. Jene alte Geschichte, die davon berichtet, dass Gott dem Menschen im Paradies untersagt, von der Frucht vom „Baum der Erkenntnis“ zu essen, handelt davon. Der Mensch isst von dieser Frucht, weil er der Verlockung erliegt, wie Gott sein zu wollen und wissen zu wollen, was gut und böse ist. Nachdem der Mensch von der Frucht gegessen hat, weiß er es. Doch verliert er das Paradies - und seine Unschuld.

Die Geschichte will sagen: Der Mensch kann sich nicht mehr herausreden. Er weiß, was gut und böse ist. Wohl kann es passieren, dass das Böse in der Gestalt des vermeintlich Guten einher kommt. Der Trinker meint dann, dass der Alkohol ihm gut tut. Der Lügner glaubt, dass ihm die Lüge hilft. Wir Menschen ertappen uns immer wieder dabei, dass wir das Gute wollen und das Böse tun. Aber wir merken es in der Regel - und haben ein schlechtes Gewissen.

Es gibt Menschen, die setzen sich über die Stimme des Gewissens hinweg. Sie laufen Amok und erschießen andere. Sie halten ihre Tochter jahrelang in einem Kellerverlies gefangen, vergewaltigen sie und zeugen Kinder mit ihr. Sie töten die eigene Familie. Sie haben ihre Wahl getroffen - und das Böse gewählt. Die Wahl zwischen Gut und Böse hat jeder. Dabei ist offenbar für zahlreiche Menschen die Anziehung des Bösen so groß wie für andere die Anziehung des Guten. Die Ereignisse der letzten Tage haben gezeigt wie sehr die vertrauten Worte des Vaterunsers unser Leben betreffen können: „Erlöse uns von dem Bösen!“

1. Mose 3; Matthäus 6,13
22. September 2009

Erntedank in ungewisser Zeit

Erntedank - dieses Mal in ungewisser Zeit. Viele spüren, dass sich nach den fürchterlichen Anschlägen in den USA das Leben verändert hat. Der Eindruck in unseren Breiten in relativer Sicherheit zu leben, ist nachhaltig erschüttert worden. Am hellichten Tag ist in der Millionenstadt New York ein Massenmord mit zivilen Verkehrsmaschinen kaltblütig in die Tat umgesetzt worden. Zu wie viel Bösem sind Menschen noch fähig?

Die Täter müssen zur Rechenschaft gezogen werden. Das ist den meisten klar. Aber wie?

Viele fürchten nun, dass erneut Unschuldige in kriegerischen Aktionen getötet werden und besonders die Zivilbevölkerung in Afghanistan zu leiden haben wird. Dagegen gibt es Stimmen von Muslimen, afghanischen Exilanten, die darauf hinweisen, dass gerade die Zivilbevölkerung jetzt schon von den Taliban tyrannisiert wird und auf Befreiung hofft. Und es gibt die Stimmen jener, die darauf hinweisen, dass zum Schutz der eigenen Bevölkerung vor weiteren Anschlägen mit erneut vielen Toten, ein konsequentes Vorgehen gegen Terroristen dringend nötig ist. Dieses Vorgehen kann auch Gewalt einschließen. Wie man sich auch entscheidet - es geht nicht ohne Schuld ab. Man kann sie nur so klein wie möglich halten.

Umso wichtiger ist es, dass man sich in solch schwierigen Zeiten an das erinnert und dafür dankt, was das Leben lebenswert macht. Am Erntedanktag danken wir Gott, der unsere zerrissene Welt im Innersten zusammenhält: „Solange die Erde steht, soll nicht aufhören Saat und Ernte, Frost und Hitze, Sommer und Winter, Tag und Nacht.“

2. Mose 8,22
30. September 2001

Denken und Danken

Wir alle kennen Menschen, die immer unzufrieden sind. Stets haben sie eine kritische Bemerkung auf den Lippen. Natürlich gibt es viele Dinge, über die man sich zu Recht ärgern kann: etwa über die ungerechte Verteilung der Güter auf dieser Welt, oder über Rücksichtslosigkeit und Habgier. Doch wer immer nur Kritik übt, verliert die Freude am Leben. Er mag viele kluge Gedanken haben und sie auch äußern, doch bleibt er mürrisch, weil er über seine Kritik die Schönheit der Welt vergisst. Er denkt nicht mehr an sie, weil er dafür zu danken verlernt hat. Denken und Danken gehören zusammen.

Doch gehört umgekehrt zum Danken auch das Denken. Wenn man als Vater oder Mutter sein Kind fragt, wenn es etwas geschenkt bekommt: „Wie sagt man?" dann mag das Kind noch einsehen, wofür es „Danke!" sagen soll. Wenn man aber einem Erwachsenen sagt, er möge doch dankbarer sein, dann fragt er zu Recht: „Wofür?" Ein bloßer Appell für mehr Dankbarkeit löst diese nicht aus. Es muss schon der Grund benannt werden.

Das heutige Erntedankfest bringt Denken und Danken zusammen. In der evangelischen Kirche etwa wird für Brot für die Welt gesammelt und so daran erinnert, dass auf dieser Welt dann, wenn wir die Güter der Erde teilen, genug für alle da ist. Wer teilt, denkt nicht bloß an sich. Und zugleich ist der Altarraum geschmückt mit den Gaben des Feldes. Wir werden so an die Fülle des Lebens erinnert, von der wir alle zehren. Wir haben Grund, dafür zu danken. Sie wird uns von Gott, dem Geber des Lebens, geschenkt. Ein altes Kirchenlied sagt es so: „Was sind wir doch? Was haben wir auf dieser ganzen Erd, das uns, o Vater, nicht von dir allein gegeben werd?"

Evangelisches Gesangbuch 324,3
3. Oktober 2010

Danken

Heute feiern Christen das Erntedankfest. Die Altäre sind mit Erntedankgaben geschmückt. In den Gottesdiensten wird davon gesprochen, dass es zwar so ist, wie es in dem Lied heißt: „Wir pflügen und wir streuen den Samen auf das Land ...“, aber zugleich gilt: „doch Wachstum und Gedeihen steht in des Himmels Hand“. Sicherlich ist es gut, daran erinnert zu werden, wie sehr wir von der guten Schöpfung Gottes leben.

Doch geht es beim Erntedankfest noch um mehr. Danken hat etwas mit Denken zu tun, Wer dankt, fragt: „Wofür?“ Bekanntlich gibt es Dinge, für die sich jede Dankbarkeit verbietet. Viele reiben sich in diesen Tagen darüber verwundert die Augen, dass offenbar einige wenige in der Lage waren, das Wirtschaftsystem der westlichen Welt so für sich in Anspruch zu nehmen, dass sie selber zwar einen großen Vorteil hatten, aber dabei eine Finanzkrise ins Werk setzten, für deren Kosten nun vielfach der Steuerzahler aufkommen muss - in den USA, bei uns und anderswo.

Wer dankt, denkt anders. Er weiß, dass aus der Gier am Ende nie eine gute Gabe erwachsen kann. Wer dankbar ist, denkt daran, dass er das Seine zum Leben braucht, aber auch andere das ihre. Wer daran denkt, dass er seinen Erfolg nicht einfach der eigenen Tatkraft, sondern immer auch der Unterstützung anderer verdankt, weiß darum, dass man zur Gier „Nein, danke!“ sagen muss. Wer dankt, denkt also kritisch - und zwar vor allem deshalb, weil ihm klar ist, wem er sich letztlich ganz und gar verdankt. Der Kehrvers des Eingangs zitierten Liedes sagt es so: „Alle gute Gabe kommt her von Gott dem Herrn, drum dankt ihm, dankt und hofft auf ihn!“

Evangelisches Gesangbuch 508
5. Oktober 2008

Bewahrung erfahren

Ohne Bewahrung können Menschen nicht alt werden. Besonders in schweren Zeiten. Davon handelt Carl Zuckmayers Autobiographie „Als wär's ein Stück von mir ...“. Er schildert darin sein bewegtes Leben. Er wurde 1896, noch zu Kaisers Zeiten, in Nackenheim bei Mainz geboren. Wie viele seiner Zeitgenossen zog Carl Zuckmayer als junger Mann begeistert in den Ersten Weltkrieg und kehrte desillusioniert zurück. Doch blieb er unversehrt. Ihm war, als habe er einen Schutzengel gehabt. Ein Studium in Heidelberg brach er bald ab, um für das Theater Stücke zu schreiben. Zuerst hatte er wenig Erfolg. Die erste Ehe scheiterte. Er heiratete ein zweites Mal und erlebte seinen Durchbruch als Bühnenautor mit „Der fröhliche Weinberg“.

Andere Stücke wie der „Hauptmann von Köpenick“ folgten. Da er als Gegner der Nazis in Erscheinung getreten war, emigrierte er 1938 nach dem Einmarsch der deutschen Wehrmacht in Österreich in die USA. Dort versuchte er sich als Drehbuchautor in Hollywood, wurde dann aber Farmer in Vermont. Nach dem Zweiten Weltkrieg kehrte er aus den USA zurück, feierte mit „Des Teufels General“ erneut einen großen Erfolg, erlitt aber bald einen Herzinfarkt, wurde wieder gesund, feierte neue Erfolge und starb schließlich wenige Wochen nach seinem 80. Geburtstag in Saas-Fee, in der Schweiz.

Die Auswirkungen zweier Kriege und wirtschaftlicher Krisen überstanden, Beziehungsprobleme, Erfolge und Misserfolge erlebt, Flucht, Exil und Krankheit durchlebt, eine neue Heimat gefunden. Menschen können in und trotz allem Bewahrung erfahren. Sie ist ohne eigene Initiative, Wagemut und Menschen, die weiterhelfen, kaum vorstellbar. Doch gehört auch das Vertrauen zu Gott dazu. Zuckmayer jedenfalls steht in seiner Autobiographie zum Glauben an Gott. Sie liest sich wie die Bestätigung des Psalmwortes: „Er hat seinen Engeln befohlen, dass sie dich behüten auf allen deinen Wegen!“ Als Glaubender kann ich auf diesen Zuspruch bauen - „als wär's ein Stück von mir!“

Psalm 91,11
8. Oktober 2006

Enttäuschungen

Wie schütze ich mich vor Enttäuschungen? Wenn Menschen einander vertrauen und dieses Vertrauen erschüttert wird, ist das sehr schmerzhaft. Wer das erlebt, will sich in Zukunft davor schützen. Wie kann so ein Schutz vor Enttäuschungen aussehen?

Als Jesus seinen Jüngern seinen Leidensweg ankündigt, gibt ihm Petrus vollmundig zu verstehen, er werde ihm immer treu bleiben. Als er dies tut, ist Petrus ganz von sich überzeugt. Doch Jesus antwortet ihm: „Wahrlich, ich sage dir: Der Hahn wird nicht krähen, bis du mich dreimal verleugnet hast." Offensichtlich schätzt Jesus Petrus realistisch ein. Petrus ist zwar von seiner unverbrüchlichen Loyalität zu Jesus überzeugt, doch als es darauf ankommt, hält er sein Versprechen nicht durch. Er verleugnet Jesus. Als er gefragt wird, ob er auch zu Jesus gehört, ist seine Angst größer als sein Mut. Jesus aber schützt sich von vornherein und rechnet mit der Verleugnung des Petrus. Offenbar ist er sich - bei aller Zuneigung - der Grenzen dieses Jüngers bewusst. Er sieht Petrus wie er ist - und nicht so, wie er ihn vielleicht gerne hätte oder so, wie Petrus überzeugt ist zu sein.

Solch eine realistische Einschätzung des anderen kann vor Enttäuschungen bewahren: Den anderen wirklich wahrzunehmen und nicht so, wie man ihn gerne sehen würde oder wie dieser selbst sein möchte, aber es (noch) nicht ist. Die Grenzen des anderen zu sehen und anzuerkennen, stellt das Vertrauen auf eine dem Miteinander angemessene Basis. Dieses Vertrauen muss nicht grenzenlos sein, aber gerade in seiner Begrenztheit ist es - wie zwischen Jesus und Petrus - voller Möglichkeiten. Trotz der Verleugnung finden beide später wieder zueinander.

Matthäus 26,34.74 f
10. Oktober 2004

Krieg und Glocken

„For whom the bell tolls“ - „Wem die Stunde“ - genauer: „Wem die Glocke schlägt“ - so lautet der Titel eines Romans von Ernest Hemingway. Er schildert darin die Erlebnisse des Amerikaners Robert Jordan, der im spanischen Bürgerkrieg erleben muss, dass der Tod, besonders im Krieg, alle gleich macht. Deshalb heißt es zu Beginn des Romanes: „Und darum frage nie, wem die Glocke schlägt, sie schlägt dir.“

„Wem die Glocke schlägt ...“. In der Regel denken wir beim Klang einer Glocke nicht an die Brutalität eines Krieges. Dabei liegt dieser Zusammenhang leider durchaus nahe. Im Ersten und Zweiten Weltkrieg wurden Glocken aus den Kirchtürmen geholt, eingeschmolzen und Kanonen daraus gemacht. Nach Siegen wurden mit Glockengeläut Dankgottesdienste eingeläutet oder am Geburtstag des Führers zu seinen Ehren geläutet.

Gott sei Dank sind wir Menschen in der Lage, aus Fehlern zu lernen. Längst haben die Kirchen Richtlinien erlassen, die es untersagen, Glocken zu Ehren von Menschen oder aus politischen Anlässen, etwa bei Demonstrationen, zu läuten. Schließlich sind Glocken dazu da, an die Gnade Gottes zu erinnern, auch wenn ihr Missbrauch das bisweilen vergessen zu lassen schien.

Gewiss wird einem jeden von uns einmal die letzte Stunde schlagen. Doch jeder Stundenschlag einer Glocke, jedes Abendläuten erinnert daran: Die Zeit steht unter Gottes Gnade - auch für den, dem die Glocke ein letztes Mal schlägt.

vgl. Psalm 46
12. Oktober 2003

Liebe

„Die Liebe hört niemals auf ...“. Diese Worte stammen von Paulus, dem Völkerapostel. Er schrieb sie in einem Brief an die christliche Gemeinde zu Korinth. Später wurde der Abschnitt in der Bibel, in dem diese Worte enthalten sind, mit „Das Hohelied der Liebe“ überschrieben. Offensichtlich bringt die Liebe sogar einen Apostel zum Singen.

Viele haben es ihm nachgetan. Bis auf den heutigen Tag. Kaum einen Schlager gibt es, in dem die Liebe nicht besungen wird. Eine einschmeichelnde Melodie, Worte, die zu Herzen gehen - fertig ist der Song, der träumen lässt. Ein Lied, in dem man seine Gefühle unterbringen kann, wird so schnell zum Gassenhauer.

„Die Liebe hört niemals auf ...“. Gerade Schlager belegen den Satz des Paulus. Dabei sieht die Wirklichkeit oft ganz anders aus: Erst hängt der Himmel voller Geigen und dann geigt man sich nur noch die Meinung. Erst heißt es: „Ich hab’ dich ja so gern!“ Und dann: „Du kannst mich mal gern haben!“ Es gibt viel Lieblosigkeit. Jeder weiß das, dennoch meint Paulus: „Die Liebe hört niemals auf ...“. Er hat Recht. In jedem von uns ist ein Kern, in dem die Liebe wohnt. In ihm wirkt Gott. Dieser Kern mag verschüttet sein unter Kummer und Sorgen, unter Verletzungen - und doch ist er da. Das hat Auswirkungen. Wir müssten sie nur wollen. Der Theologe und Urwalddoktor Albert Schweitzer hat es einmal so gesagt: „Viel Kälte ist unter den Menschen, weil wir es nicht wagen, uns so herzlich zu geben, wie wir sind.“

1. Korinther 13,8
18. Oktober 1998

Vergänglichkeit

Novembertage sind oft trübe. Das Herbstlaub fällt von den Bäumen und wird mit Füßen getreten. Dazu kommen die Erinnerungstage, die sich aufs Gemüt legen: Allerheiligen, Allerseelen, Volkstrauertag und der Toten- und Ewigkeitssonntag, Vergänglichkeit hängt in der Luft. Schon beim Gedanken daran kriegt man kalte Füße. Und doch erinnern wir uns an diesen Gedenktagen besonders an die Toten, die einmal zu uns gehörten wie die bunten Blätter, die im Herbst von den Bäumen fallen.

Bei der Erinnerung an die Verstorbenen kann sich der Gedanke an den eigenen Tod einstellen. Manche gehen damit so um, das sie sagen: „Mit dem Tod ist alles aus!" Andere wiederum glaubten, dass sie im Himmel mit ihren Lieben erneut vereint sein werden. Denen, die ganz dem Irdischen verhaftet sind, hält die Bibel entgegen: Auch zuletzt stirbt die Hoffnung nicht! Wir gehen einer Herrlichkeit entgegen, die alles Irdische übersteigt. Mit Aussagen darüber, wie das im Einzelnen aussehen wird, hält sich die Bibel allerdings sehr zurück. Der Apostel Paulus etwa spricht nur davon, dass „wir einmal alle verwandelt werden".

An der Einstellung zu unserem Ende und der Frage nach dem Danach zeigt sich, wie wir durch das Leben gehen. Realismus und Hoffnung gehören für Glaubende dabei immer zusammen. Leben und Sterben sind für Glaubende Vertrauenssache - selbst dann, wenn das eine wie das andere schwer fallen könnte. Ein Psalmwort sagt es so: „Dennoch, Gott, bleibe ich stets an dir, denn du hältst mich bei meiner rechten Hand, du leitest mich nach deinem Rat und nimmst mich am Ende mit Ehren an."

vgl. z.B. Psalm 73,23 f; 1. Korinther 15,51; Kolosser 1,5
1. November 2009

Gott, dein Freund

„Freunde in Not, gehen tausend auf ein Lot!“ Offenbar sind Freunde in der Not selten, sonst gäbe es dieses Sprichwort nicht. Ein Belastungstest für eine Freundschaft ist für viele dann gegeben, wenn es ums Geld geht. Dann wollen einem die einen kein Geld leihen, weil sie es nicht können - und die anderen können es nicht, weil sie es nicht wollen. Wahre Freundschaft aber hält Belastungen stand, die Geldsorgen gering erscheinen lassen.

Hiob erging es so. Das Alte Testament berichtet davon. Hiob war begütert und lebte im Glück. Dann aber brach das Unglück über ihn herein, eine „Hiobsbotschaft“ jagte die andere: Erst wird ihm die Habe genommen, dann die Nachkommen, schließlich wird Hiob krank, todkrank. Doch immerhin - Hiob hat drei treue und fromme Freunde. Die kommen und stehen ihm bei, teilen seinen Schmerz und sogar sein Schweigen „sieben Tage und sieben Nächte“ mit ihm, bis er in der Lage ist, sich sein Leid von der Seele zu reden. Als Hiob aber Gott anklagt, verstehen ihn auch seine frommen Freunde nicht mehr. Ihre Freundschaft hört nicht beim Geld, wohl aber bei der Anklage Gottes auf.

Hiob jedoch macht eine wundersame Erfahrung. Normalerweise wenden sich Menschen von einem ab, wenn man ihnen immer wieder sagt, dass sie an dem schuld sind, was einem an Bösen widerfährt. Gott aber tut das nicht. Er wertet Hiobs Anklage als ein Zeichen der Treue, Und er kündigt darum Hiob auch nicht die Freundschaft auf, sondern zeigt sie ihm aufs Neue.

Hiob jedenfalls kommt zu neuem Wohlstand, ihm werden erneut Nachkommen geboren - und er stirbt „alt und lebenssatt“, also hoch betagt. Offenbar ist Gott ein wirklich guter Freund. Bei ihm sind unsere Klagen und Anklagen gut aufgehoben.

Das Buch Hiob
4. November 2007

Lebensgeschichten

Vor einiger Zeit habe ich einen über achtzigjährigen Mann kennengelernt, der eine bemerkenswerte Lebensgeschichte hat. Er wuchs in der Ukraine auf. Seine Vorfahren waren dorthin im 18. Jahrhundert ausgewandert. Als die Wehrmacht in der Sowjetunion einmarschierte, wurde er als Sowjetsoldat zu Schanzarbeiten vor Kiew eingesetzt. Dort geriet er in deutsche Kriegsgefangenschaft, durfte aber bald aufgrund seiner Herkunft und seiner Sprachkenntnisse in einer Stadt an der Oder als freier Mann arbeiten. Als die Rote Armee kam, wurde er zurück in seine ukrainische Heimat gebracht und dort wegen angeblichen Landesverrats zu 15 Jahren Zwangsarbeit in Sibirien verurteilt. Er musste unter schlimmen Bedingungen in einer Goldmine schuften. Nach fünf Jahren wurden seine Haftbedingungen wesentlich erleichtert. Seine russische Frau, die ihm die Treue gehalten hatte, durfte zu ihm ziehen. Das Paar bekam Kinder und konnte nach einiger Zeit wieder in die Ukraine zurückkehren. Vor ungefähr zehn Jahren kam der Mann mit Frau, Tochter und Enkelin nach Deutschland. Trotz allem, was ihm widerfahren ist, ist er ein lebensfroher Mensch geblieben.

Über die Geschichte des 20. Jahrhunderts lässt sich aus einer Lebensgeschichte wie dieser viel lernen. Ich ermutige darum die Zeitzeugen immer wieder, ihre Geschichte aufzuschreiben - nicht nur deshalb, weil sonst viel an erfahrener Geschichte verloren geht, sondern auch die Mitteilung der Erfahrung von Rettung und Bewahrung durch Gott. Gerade sie kann anderen Mut machen. Mir jedenfalls helfen Lebensgeschichten wie die dieses alten Mannes aus der ehemaligen Sowjetunion der Verheißung Vertrauen zu schenken, die im Buch des Propheten Jesaja als Zusage Gottes zu lesen ist: „Auch bis in euer Alter bin ich derselbe, und will euch tragen, bis ihr grau werdet. Ich habe es getan; ich will heben und tragen und erretten.“

Jesaja 46,4
6. November 2005

Tod und Segen

„Der Herr segne dich und behüte dich." Das steht heute in den Herrenhuter Losungen. Sie schlagen für jeden Tag des Jahres ein biblisches Wort vor. Für den heutigen Totensonntag, an dem in vielen Gemeinden der Verstorbenen gedacht wird, ist es dem 4. Buch Mose entnommen: „Der Herr segne dich und behüte dich."

Tod und Segen - passt das zusammen? Auf den ersten Blick nicht. Zwar gibt es nach dem Ableben eines geliebten Menschen, der sehr lange leiden musste, die Aussage: „Es war ein Segen, dass er endlich sterben durfte." Doch in der Regel bringen wir zunächst Tod und Segen nicht zusammen. Wir trauern vielmehr um die Menschen, die wir liebten und schätzten. Sie fehlen uns.

Segen bedeutet Fülle des Lebens. Die ist nicht vom Geld abhängig. Man kann wenig besitzen und doch unendlich reich an fröhlichen Erfahrungen, Zuneigung und Liebe sein. Denn Segen kann man sich nicht verdienen. Er wird zugesprochen und geschenkt. Deshalb steht am Ende eines jeden Gottesdienstes der Segen.

Segen kann man aber auch vertun - durch Unentschlossenheit und Faulheit. Darum sagt der Volksmund: „Sich regen, bringt Segen!" Am Ende eines Lebens ziehen deshalb viele unausgesprochen Bilanz: „War es ein gesegnetes, ein erfülltes Leben?" Vieles wird gelungen, manches misslungen sein. Segen jedoch muss auch am Ende des Lebens nicht aufhören: Menschen können dankbar für die sein, die Segen in ihr Leben brachten. Segen wirkt immer nach. Auch bei denen, die uns im Tod vorangegangen sind. Auch dort endet Gottes Liebe nicht. Darum schließt der Segen anders als er beginnt: „Der Herr hebe sein Angesicht über dich und gebe dir Frieden."

4. Mose 6,24-26
25. November 2001

Abschied als Befreiung

Zu jeder Lebensphase gehört das Abschiednehmen. Darum schreibt Hermann Hesse in seinem bekannten Gedicht „Stufen“: „Wie jede Blüte welkt und jede Jugend dem Alter weicht, blüht jede Lebensstufe ... zu ihrer Zeit und darf nicht ewig dauern.“ Es kann schmerzlich sein, wenn man sich von Hoffnungen, Wünschen und Plänen verabschieden muss. Das trifft vor allem dann zu, wenn mit diesem Abschied Menschen verbunden sind, die man liebte, die einem vielleicht durch den Tod plötzlich und unerwartet genommen wurden. Da möchte man aufwachen wie aus einem bösen Traum und alles soll nicht gewesen sein, was an Trauer und Tränen die Tage beherrscht.

Aber es gibt eben auch die gegenteilige Erfahrung: Abschied als Befreiung. In der Seelsorge begegnen mir immer wieder Menschen, die offen darüber sprechen, dass sie nicht nur Trauer nach dem Tod bestimmter Menschen empfunden haben. Zu sehr war die Beziehung belastet, weil der Verstorbene die Hinterbliebenen durch seine Art in einer Lebensphase festhielt, die sie längst hinter sich hätten lassen wollen.

An solchen Erfahrungen wird mehr als deutlich, dass wir in unserem Leben nicht stehen bleiben, Lebensphasen durchschreiten und Neuem entgegen gehen wollen. Da kann Abschied, die Trennung von Vergangenem, befreiend wirken. Hermann Hesse meint darum in seinem Gedicht weiter: „... nur wer bereit zu Aufbruch ist und Reise, mag lähmender Gewöhnung sich entraffen. Es wird vielleicht auch noch die Todesstunde uns neuen Räumen jung entgegensenden; des Lebens Ruf an uns wird niemals enden ...“. Als Glaubende gibt es dieses „vielleicht“ in der Todesstunde für uns nicht, vielmehr sind wir gewiss, dass der Ruf des Lebens, der Ruf Gottes an uns in der Tat auch angesichts des Todes nicht enden wird. Deshalb können wir getrost unseren Weg gehen, weil wir das Ziel kennen: Wir werden auch im Tod bei Gott geborgen sein. So gesehen, hat auch das letzte Lebewohl etwas Tröstliches. „Wohlan denn, Herz nimm Abschied und gesunde!“

vgl. Psalm 31,6; Psalm 37,5
26. November 2000

Warten

„Advent, Advent, ein Lichtlein brennt ... und wenn das fünfte Lichtlein brennt, hast du Weihnachten verpennt!" Diese Karikatur eines Kinderreims macht deutlich: In der Adventszeit steht das Warten in der Mitte des Glaubens. Die Christenheit wartet auf das Weihnachtsfest, die Feier der Geburt Jesu. Das wir dieses Fest „verpennen" steht allerdings kaum zu erwarten. Dafür sorgen wir schon mit Phantasie und Geschäftigkeit. In der Vorbereitung auf das Fest wollen wir keine Zeit verlieren. Dabei gehört gerade das zum Warten: dass wir Zeit verlieren!

Das widerstrebt uns natürlich. „Zeit ist Geld" sagen wir und machen damit deutlich, wie kostbar Zeit ist. Wir wollen sie nicht vergeuden und verschwenden. Mit Warten angefüllte Zeit kann darum äußerst ärgerlich sein. Ungeduld ist die Folge. Sie ist Warten in Eile.

Freilich gibt es Situationen, in denen man warten können muss, auch wenn man es kaum abwarten kann, bis das erwartete Ereignis eintritt. Die Geburt eines Kindes gehört dazu. Gewiss werden wir Vorbereitungen für dieses Ereignis treffen. Und doch wissen wir zugleich, dass alles seine Zeit braucht. Mit diesem Wissen wird vermeintlich verlorene Zeit zur gewonnenen Zeit. Sie lässt uns reifen. Solch Wartezeit ist Reifezeit. Man lernt darin, dass man sich die (Vor-)Freude nimmt, wenn man nicht warten kann.

So ist es auch mit der Adventszeit. Die Christenheit erwartet das Fest der Geburt Jesu. Auf die Erfüllung der damit verbundenen Freude muss man warten können - sonst nimmt man sie sich. Und dann hat man Weihnachten tatsächlich „verpennt"!

vgl. Prediger 3,1-8
28. November 1999

Von der Sehnsucht nach Trost

Der Mensch braucht Trost. Ein ganzes Leben lang - von der Wiege bis zur Bahre. Die einen finden ihn in der Beziehung zu einem lieben Menschen oder bei Freunden, andere suchen Trost in der Musik oder im Sport, wieder andere in der Arbeit oder bei einem guten Buch. Bisweilen suchen Menschen auch Trost bei falschen Tröstern. Zuviel Alkohol ist solch ein falscher Tröster. Überhaupt ist jede Sucht eine Trostsuche, die in die Irre führt und untröstlich macht.

Die Bibel erwartet Trost nicht nur für den Einzelnen, sondern spricht von der Sehnsucht nach einem Trost für die ganze Welt. Diese Welt soll anders werden. Allen Menschen soll Barmherzigkeit und Gerechtigkeit widerfahren. Eine Strophe eines bekannten Adventsliedes formuliert diese Sehnsucht in einer Frage und einer Bitte: „Wo bleibst du, Trost der ganzen Welt, darauf sie all ihr Hoffnung stellt? 0 komm, ach komm vom höchsten Saal, komm, tröst uns hier im Jammertal."

Wie sehr diese Sehnsucht lebendig ist, wird gerade in den Wochen vor Weihnachten deutlich. Es wird früh dunkel, die Nächte können schon empfindlich kalt sein - aber wir erleuchten die Straßen und bereiten uns auf das Weihnachtsfest vor, indem wir überlegen, womit wir unseren Lieben eine Freude machen können. Wir denken an Menschen in Not und spenden für Hilfswerke, die in der Nähe und in der Ferne diesen Menschen helfen. Trost wird erfahrbar. Der Himmel kommt der Erde ein Stück näher. Christen glauben, dass dabei Gott im Spiel ist: „0 Heiland, reiß die Himmel auf, herab, herab vom Himmel lauf, reiß ab vom Himmel Tor und Tür, reiß ab, wo Schloss und Riegel für."

Evangelisches Gesangbuch 7,1.4
28. November 2010

Sprechende Steine

Viele haben eine Kirche besonders in ihr Herz geschlossen. Diese Zuneigung kann einen mächtigen Bau wie den Kölner Dom oder eine kleine Dorfkirche betreffen. Die Architektur oder die Lage der Kirche kann es einem besonders angetan haben oder die Erinnerungen und Erlebnisse, die man mit dem Kirchenbau seines Herzens verbindet. Das geht auch Protestanten so. Wohl sind Kirchen für evangelische Christen keine heiligen Stätten. Die Gegenwart Gottes bindet sich für uns Evangelische nicht an ein Gebäude, sondern daran, dass das Wort Gottes rein und lauter verkündigt wird, die Sakramente recht verwaltet werden und Taten der Nächstenliebe geschehen. Das geht auch in einer Scheune oder unter freiem Himmel. Und doch sind auch für uns Protestanten Kirchen besondere Orte.

Denn wenn die Steine, aus denen eine Kirche erbaut wurde, sprechen könnten, würden sie von den Gottesdiensten, Taufen und Trauungen berichten, die darin gefeiert wurden. Die Steine würden erzählen von den Tränen der Freude und des Verlustes, die in dieser Kirche geflossen sind. Sie würden erzählen von der Geschichte der Stadt oder des Dorfes, in der die Kirche steht, von ihren Anfängen bis heute, von Zerstörung und Wiederaufbau, von Schuld und Leid, von Dankbarkeit und Lebensfülle.

In den Herzen vieler Karlsruherinnen und Karlsruher hat vor allem die Evangelische Stadtkirche einen festen Platz. Täglich gehen Tausende an ihr vorüber, werfen einen Blick auf den mächtigen Kirchenbau oder verweilen darin, um darin zu beten und zur Ruhe zu kommen. Besonders die älteren Karlsruherinnen und Karlsruher haben die Zeit der Zerstörung dieser Kirche und ihrer Stadt durch die Bombenangriffe im Zweiten Weltkrieg noch in deutlicher Erinnerung. Und sie erinnern sich an die Zeit des Wiederaufbaus. Auf den Tag genau jährt sich heute die Wiedereinweihung der Stadtkirche nach dem Wiederaufbau zum 50. Mal.

Grund genug, dankbar innezuhalten. Könnten die Steine der Stadtkirche sprechen, würden sie nämlich nicht nur von Schuld und Zerstörung sprechen, sondern auch davon reden, dass in allem Auf und Ab der Geschichte Gott immer wieder neu mit den Menschen in Beziehung tritt.

Jede Kirche bezeugt das und ist in diesem Sinn tatsächlich ein Haus Gottes. Kein Wunder, dass Menschen ihrerseits zu einer Kirche eine besondere Beziehung entwickeln. Ein Psalmbeter sagt es so: „Herr, ich habe lieb die Stätte Deines Hauses und den Ort, da Deine Ehre wohnt."

Psalm 26,8
30. November 2008

Vorfreude

Im Advent wird es früh dunkel. Die Tage sind kurz, die Nächte lang. Trotzdem gehört zu diesen Wochen vor Weihnachten keine depressive Stimmung. Das liegt an der Vorfreude auf Weihnachten, an der Sehnsucht nach Frieden, Glück und Liebe, die dieses Fest immer noch auslöst und zu stillen verspricht. Dazu werden in den Städten hierzulande insbesondere die Einkaufsstraßen durch eine festliche Beleuchtung fast taghell erleuchtet. Natürlich wird das auch durch Geschäftstüchtigkeit, die Findigkeit der Werbebranche und die Strategie eines guten Stadtmarketing veranlasst. Doch drängt sich für Christen der Eindruck auf, dass selbst hinter diesen sehr säkularen Gegebenheiten immer noch die Botschaft des Weihnachtsfestes, auf das wir uns im Advent bisweilen reichlich hektisch vorbereiten, aufscheint: Das Dunkel muss dem Licht weichen!

Mit der Geburt Christi, mit der Geburt des Sohnes Gottes, so glauben Christen, ist Gott ganz und gar auf die Seite der Menschen getreten. Er lässt uns auch in den dunkelsten Stunden nicht allein und hilft uns so aus allem heraus, was uns bedrängen mag, An Weihnachten feiern wir, dass dieser menschenfreundliche Gott immer wieder aufs Neue zu uns kommt und die Dunkelheiten des Lebens mit uns teilt, um sie so zu vertreiben. Im Advent zeugt selbst die Straßenbeleuchtung noch von diesem Glauben der Christen, den ein Adventslied in diese Worte fasst: „0 komm, o komm, du Morgenstern, lass uns dich schauen, unsern Herrn. Vertreib das Dunkel unserer Nacht durch deines klaren Lichtes Pracht. Freut euch, freut euch, der Herr ist nah."

Evangelisches Gesangbuch 19
3. Dezember 2006

Morgenröte

Ein bekanntes Adventslied, von Jochen Klepper gedichtet, beginnt so: „Die Nacht ist vorgedrungen, der Tag ist nicht mehr fern. So sei nun Lob gesungen, dem hellen Morgenstern! Auch wer zur Nacht geweinet, der stimme froh mit ein. Der Morgenstern bescheinet auch deine Angst und Pein.“

Vor kurzem bin ich recht früh aus dem Haus gegangen. Die Dunkelheit war noch um mich herum, doch in der Ferne machte sich die Morgenröte schon sehr deutlich bemerkbar. Sie begann, die Dunkelheit zu durchdringen. Der Morgenstern leuchtete am Himmel und schenkte diesem Tag einen ganz besonderen Glanz. Die Morgenröte und der Morgenstern sind seit alters her Bilder für die Hoffnung, Zeichen dafür, dass die Dunkelheit nun weichen wird. Das Gegenteil von Hoffnung ist Verzweiflung. Wer verzweifelt ist, steht in der Gefahr, von der Dunkelheit überwältigt zu werden. Hoffnung hingegen geht davon aus, dass das Dunkle dem Licht weichen wird. Hoffnung ist die Fähigkeit, eine Wende zu erwarten und deshalb gegenwärtige Schwierigkeiten auszuhalten. Sie zeigt sich im Glauben, der davon ausgeht, dass es jenseits aller zerstörerischen Kräfte, jenseits aller Angst etwas geben wird, was zum Handeln und zu neuem Leben fähig macht.

In solcher Hoffnung zeigt sich die Kraft Gottes. Sie ist darin gegenwärtig wie die Morgenröte am Horizont und der Morgenstern am Himmel. Darum: „Auch wer zur Nacht geweinet, der stimme froh mit ein. Der Morgenstern bescheinet auch deine Angst und Pein.“

Evangelisches Gesangbuch 16
5. Dezember 2004

Sorgen

Wenn ich in Karlsruhe über die Kaiserstraße gehe, blicke ich oft in sorgenvolle Augen. Ich sehe in Gesichter, denen der alltägliche Lebenskampf den Blick verschleiert. Manchmal sind es Gesichter, deren Augen wie erloschen scheinen vor Kummer und Sorgen. An ihnen geht mir auf: So schaue wohl auch ich bisweilen in die Welt - voller Sorge, manchmal griesgrämig, bisweilen sogar finster.

Wie Menschen die Dinge ins Auge fassen, so verhalten sie sich zu ihnen. Ein wenig bekanntes Sprichwort sagt es so: „Das Auge ist die Hand des Herzens." Wie Menschen das Leben begreifen, steht ihnen ins Gesicht geschrieben. Man kann ihr Befinden von den Augen ablesen. Eine Sorge kann so niederdrückend sein, dass sie einen fast erschlägt - und dann machen Menschen auch zumeist einen niedergeschlagenen Eindruck. Wer niedergeschlagen ist, senkt den Blick. Er schaut nach unten.

Wenn es so nicht bleiben soll, muss sich die Blickrichtung verändern. Dazu will das biblische Wort ermuntern, das uns durch die Woche begleitet: „Seht auf und erhebt eure Häupter, weil sich eure Erlösung naht." Freude löst von Sorge. Christen erinnern sich in der Adventszeit daran, dass sie trotz aller Sorgen Grund zur Freude haben und darum erhobenen Hauptes durch das Leben gehen können. Denn die Adventszeit dient dazu, sich erneut darauf vorzubereiten, die mutmachende Botschaft des Engels in sich aufzunehmen, der, wie die Weihnachtsgeschichte berichtet, gerade den von einem rauen Leben oft niedergeschlagenen Hirten zuerst die Kunde bringt: „Fürchtet euch nicht! Siehe, ich verkündige euch große Freude, die allem Volk widerfahren soll; denn euch ist heute der Heiland geboren ...".

Lukas 2,10 f; Lukas 21,28
8. Dezember 2002

Die Klarheit des Herrn

„Und die Hirten kehrten wieder um, priesen und lobten Gott für alles, was sie gehört und gesehen hatten ...“. So heißt es am Ende des Weihnachtsevangeliums wie es der Evangelist Lukas aufgezeichnet hat. Das gehört offensichtlich zur Weihnachtsgeschichte: Die Engel kehren wieder zurück in den Himmel und die Hirten kehren wieder um und gehen zurück an die Arbeit. Die Geschichte nimmt wieder ihren gewohnten Lauf.

Und der ist nicht erfreulich. Der Geburt des Kindes, das die Welt retten soll, folgt der von Herodes befohlene Kindermord: Kein Engel ist zu sehen, der dem Morden ein Ende macht - weder damals noch heute. Und so sind auch an diesem Weihnachtsfest wieder unzählige Tränen geflossen. Tränen der Empörung, Tränen der Trauer, Tränen der Verlassenheit und der Einsamkeit. Vieles geht während und nach dem Fest seinen gewohnten, oft genug unerfreulichen Gang.

Nur einer, Gott, der Herr, geht einen ungewohnten Gang - den Weg der Barmherzigkeit. Gott tut nicht so, als ob es nichts zu weinen gäbe. Doch seit jener ersten Heiligen Nacht, als der Engel zu den Hirten trat, bricht sich das göttliche Licht in den unzähligen Tränen der Menschen. Die Klarheit des Herrn leuchtet in ihnen auf und zeigt einer Welt, die ihren gewohnten Gang geht, einen immer noch ungewohnten Weg - eben den Weg der Barmherzigkeit. Christen folgen diesem Weg in und durch ihren Alltag. Sie gleichen darin den Hirten, die, nachdem sie in Bethlehem gewesen waren, zurück an ihre Arbeit gingen und Gott „priesen und lobten ... für alles, was sie gehört und gesehen hatten ...“.

Lukas 2,2.8 f
27. Dezember 1998

Das Licht der Welt

Jesus hat einmal von sich gesagt: „Ich bin das Licht der Welt. Wer mir nachfolgt, der wird nicht wandeln in der Finsternis, sondern wird das Licht des Lebens haben."

Wenn ein Mensch von sich sagen würde, er sei das „Licht der Welt", dann wären wir zu Recht misstrauisch. Gerade wir Deutsche wissen aus unserer Geschichte nur zu genau, wie sehr das in die Finsternis führen kann, wenn man einer vermeintlichen Lichtgestalt folgt. Jesus aber behauptet, dass, wer ihm nachfolgt, gerade nicht im Dunkeln tappt, sondern „das Licht des Lebens" haben wird, also die richtige Orientierung besitzt.

Er kann das sagen, weil in ihm, wie Christen glauben, wahrhaftig Gott gegenwärtig ist. Diese Gegenwart Gottes hat Christus im Leben begleitet und ihn auch nicht verlassen, als er hinabsteigen musste „in das Reich des Todes". Die Gegenwart Gottes hat ihn von dort auch wieder weggeführt: „Aufgefahren in den Himmel" heißt es darum von Jesus Christus im Glaubensbekenntnis.

In seiner Nachfolge bleiben uns Leiden, Krankheit, Trauer und andere Ahnungen des Todes nicht erspart. Doch werden sie von der Zuversicht erhellt, dass es uns am Ende gehen wird wie ihm und wir Spuren des Himmels darum auch immer wieder im eigenen Leben entdecken und so unser Leben ganz und gar bejahen können. In dieser Lebensbejahung steckt etwas vom Licht des Lebens Jesu. Möge es uns durch das Neue Jahr geleiten!

Johannes 8,12
30. Dezember 2007

Statt eines Nachwortes - noch einmal: Alles hat seine Zeit

„Ein jegliches hat seine Zeit, und alles Vorhaben unter dem Himmel hat seine Stunde ...". So heißt es im Buch „Prediger“ im Alten Testament. Es wird König Salomo zugeschrieben. Er galt als besonders weise. Zur Weisheit gehört die Kunst des Abschieds. „Man soll aufhören, wenn es am schönsten ist.“ So sagt es der Volksmund. Wohl hat Gott „die Ewigkeit in der Menschen Herz gelegt“, wie der „Prediger“ schreibt, doch dann fügt er an: „„... nur dass der Mensch nicht ergründen kann das Werk, das Gott tut, weder Anfang noch Ende“. Über die Ewigkeit Gottes verfügt der Mensch nicht.

Darum hat ein jegliches seine Zeit und alles Vorhaben unter dem Himmel seine Stunde. Lachen und weinen, tanzen und klagen, reden und schweigen - und eben auch anfangen und aufhören. Nicht nur aller Anfang kann schwer sein, auch das Aufhören kann schwerfallen. Vor allem dann, wenn man lange an einem Ort beruflich tätig war, Beziehungen gewachsen sind, die Tätigkeit Freude gemacht und Anerkennung gefunden hat. Und doch eröffnet das Aufhören zugleich Neues.

Ich erlebe das gerade selber hautnah. Nach über achtzehn Jahren als Pfarrer an der Evangelischen Stadtkirche in Karlsruhe habe ich in diesen Tagen eine neue Tätigkeit begonnen. Nach so vielen Jahren fällt der Abschied schwer. Doch alles hat seine Zeit. Das lehrt die Weisheit. Sie lebt aus dem Segen. So möchte ich mich von den treuen Leserinnen und Lesern, die über zwölf Jahre mein „Wort zum Sonntag“ gelesen haben, mit einem Segenswort verabschieden: „Gott, unser Herr über Anfang und Ende, gestern, heute und morgen, möge dir auf deiner großen Reise in die Zukunft stets nahe sein.“

Prediger 3,1.11
4. September 2011

Stichwort- und Namensverzeichnis

Verzeichnis der Bibel- und Gesangbuchstellen

Druck:
Canon Deutschland Business Services GmbH
im Auftrag der KNV-Gruppe
Ferdinand-Jühlke-Str. 7
99095 Erfurt